写给
父母的
未来之书

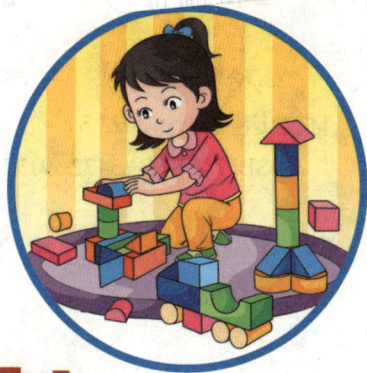

安中玉 / 编著

吉林文史出版社
JILIN WENSHI CHUBANSHE

图书在版编目（CIP）数据

写给父母的未来之书 / 安中玉编著 . -- 长春 : 吉
林文史出版社 , 2023.5
ISBN 978-7-5472-9173-3

Ⅰ . ①写… Ⅱ . ①安… Ⅲ . ①儿童教育－家庭教育
Ⅳ . ① G782

中国版本图书馆 CIP 数据核字 (2022) 第 196806 号

写给父母的未来之书
XIE GEI FUMU DE WEILAI ZHI SHU

编　　著　安中玉
出 版 人　张　强
责任编辑　王　辰
封面设计　郑金霞
出版发行　吉林文史出版社
地　　址　长春市净月区福祉大路 5788 号出版大厦
印　　刷　天津海德伟业印务有限公司
开　　本　640mm×910mm　　1/16
印　　张　12
字　　数　113 千
版　　次　2023 年 5 月第 1 版
印　　次　2023 年 5 月第 1 次印刷
书　　号　ISBN 978-7-5472-9173-3
定　　价　69.00 元

　　20 年前，大部分都不会想到今天的互联网、智能产品
会如此改变我们的生活，让我们的生活发生翻天覆地的变化。
同样，在 10 年、20 年后，当我们的孩子长大成人，这个世
界又会发生哪些新的变化，出现哪些新的工作，有哪些东西
会消失？我们依然无法准确预测。为此，现在很多父母开始
为孩子的未来担忧：今天到底该做哪些准备，为孩子提供什
么样的教育，培养孩子具备哪些技能，才能让孩子更好地适
应未来，在未来的竞争中获得生存和发展的一席之地？

　　面对充满不确定性的未来，父母的担忧很正常，但我们
同时也要意识到，如果我们仍然延续以前的那套陈旧观念来
教育孩子，比如要求孩子学习好、考高分、上名牌大学、读
热门专业，并就此认为孩子以后可以找到一份好工作，拥有

一个美好未来的话，我认为已经行不通了。

牛津大学心理学博士、《园丁与木匠》的作者艾莉森·高普尼克（Alison Gopnik）教授指出：判断对一个孩子的教育是否成功，不在于孩子的学习分数与特长数量，而是孩子在面对未来不可预测的变化时，是否具有强健的韧性和高适应性来解决各种问题，从而得以生存和发展。

那么问题来了，我们今天到底要如何培养孩子，才能让孩子具备"强健的韧性"和"高适应性"，未来可以更好地适应世界呢？

这个问题的答案，也正是我编写这本书的初衷。我自己是一个男孩的妈妈，同时也是一位家庭教育研究者，不论是作为一名家长，还是一名教育工作者，我都对孩子现在和未来的教育问题极为关注，同时也会频繁地与家长、孩子们进行沟通交流。在我看来，要想帮助今天的孩子更好地适应未来，父母就应该打开视野，着眼于未来世界，把今天的孩子当成一个未来人来对待和培养，帮助他们发展未来世界所必需的能力。

未来世界所需要的具体技能，我们今天也许无法精准地预测，但是，不论生活在哪个时代，孩子要具备什么样的具体技能从来都不是教育的目的，培养人才的基础能力才是最关键的。什么是基础能力？学习力、创造力、思辨力、抗逆力、解决问题的能力、与人沟通的能力，以及良好的情绪处理能力和表达能力等。当孩子具备了这些能力，无论未来如何变化，孩子都能很好地去适应和发展。

这本《写给父母的未来之书》，就是我针对未来世界对人才的基本需求，立足当下而提出的教育观点与方法，旨在为父母提供更为宽广的视野，同时也从孩子的角度出发，帮助父母用具体的、科学的方法和策略去教育和培养孩子构建迎接未来的基础能力。这样的教育，不再试图预测未来哪些专业热门，哪些工作"吃香"，哪类职业能赚大钱，而是回归教育的本身，以更加个性化的方式、更加开放的思想，去挖掘孩子独一无二的潜能，带领孩子突破当下的局限，收获到过好一生的能力。

我常常说，未来世界就像是一片广袤无际的大海，阻止人们到达彼岸的，从来都不是什么险恶路途，而是不知道自己要怎么去走。对于孩子来说，那片"大海"充满了未知，也充满了挑战，但同时也充满了希望与惊喜。我认为，当下我们父母要做的，不是绞尽脑汁地为孩子寻找一条通向彼岸的独木桥，而是让孩子产生对大海的向往，以及拥有"独立航海"的能力。我们对于孩子的未来也许已经越来越不能给出明确的建议，但我们完全可以为孩子播撒下一颗"航海家"的种子，让这场养育的旅程变得丰富、有趣，同时也充满期待与梦想。

目 录

第一章　孩子要具备的，是未来世界看重的能力 / 001

未来世界最看重的人才能力 / 002

今天我们的孩子还缺什么 / 008

父母的认知高度，是孩子真正的起跑线 / 013

用"复利思维"为孩子的未来赋能 / 018

第二章　激活内驱力，奠定孩子实现梦想的根基 / 023

让孩子相信，他可以让自己变得更好 / 024

自由的孩子会更自觉 / 030

成长三角形，帮助孩子获得成长心态 / 036

当鼓励不再管用时，你该怎么办 / 041

允许孩子犯错，比防范失败更重要 / 045

掌控感带来行动力，把掌控权还给孩子 / 051

第三章 提升学习力，帮孩子成为20年后最厉害的人 / 057

孩子缺乏学习力，我们错在了哪里 / 058

加入游戏元素，学习就像游戏一样上瘾 / 063

自主的"感觉"促发孩子的学习动力 / 068

记忆力强，学习动力才强 / 074

高效阅读，孩子实现终身学习的第一途径 / 080

出色的数学能力，让孩子在未来成功逆袭 / 085

第四章 锻炼思辨力，孩子的未来会有更多可能 / 091

巧用思维游戏，引导孩子灵活思考 / 092

逻辑思维决定孩子未来发展 / 097

观察、思考、参与，培养孩子的科学思维 / 102

敢于质疑，比知道标准答案更重要 / 108

运用"3T 原则"，鼓励孩子积极表达 / 113

提升孩子自己解决问题的能力 / 118

第五章 增强抗逆力，让孩子成为更强大的自己 / 125

不做"铲雪车式"父母，让孩子自己成长 / 126

把握好延迟满足的"度" / 131

营造"抱持性"环境，提升孩子的心理韧性 / 136

具备"反脆弱"能力，孩子未来才更强大 / 142

失败后，教会孩子为自己"疗伤" / 147

第六章 培养情绪力，提高孩子未来的幸福指数 / 153

安全感是培养孩子情绪力的根基 / 154

三大策略，帮孩子冷却他的冲动 / 159

教孩子管理好自己的焦虑情绪 / 165

引导孩子学会与负面情绪和平相处 / 171

共情能力，社交中最有效的生存技能 / 176

第一章

孩子要具备的，是未来世界看重的能力

在教育孩子的道路上，父母的终极目标就是把孩子送入名校吗？并非如此。今天的孩子，是未来建设社会的主力军，面对未来，我们可能无法清晰地预见它的模样，但有件事我们必须明白，那就是科技与国际化发展正在不断地为世界带来翻天覆地的变化。这样的世界，所需人才一定与今天有所不同。作为孩子的领航者，父母应该具有长远眼光和未来思维，帮助孩子发展未来世界需要的能力，便于他们更好地探索新鲜事物，应对未来世界的种种挑战。

未来世界最看重的人才能力

如果我问你，作为父母，你养育孩子的最终目的是什么？

有的父母可能会说，我就是为了让孩子未来能够比我强，能够获得幸福；还有的父母会说，我希望孩子未来能找份好工作，能有出息。

没错，这些都是父母对孩子美好的期望。如果我来归纳一下，其实我们养育孩子的终极目标，就是为了把孩子培养成为独立的人，让孩子能够掌握独自谋生的能力，未来即使脱离了家庭和父母的庇护，也可以顺利地工作，幸福地生活，实现自己的人生价值。

但是，我们现在却经常看到下面这两种场景：

第一种场景：一部分人小时候家境优越，教育起点高，名校毕业。然而毕业走入职场后，开始变得越来越平庸，虽然起步于高起点，却在之后的人生中步步走下坡路。

第二种场景：年轻时在职场上春风得意，但到了中年后，外部大环境变迁，遭遇中年危机，此后频繁失业或变换职业，却总是找不到理想的职业，只能从事一些最基础的工作，失去了竞争能力。

这两种高开低走的人生，已成为当前很大一部分人的生活轨迹。拿到录取通知书，进入大学就已经是这些人的人生高峰，大学蹉跎而过，接着求职找工作，过着朝九晚五的生活。之后，事业没有提升，生活没有改变，似乎毕业之前一切关于未来人生的想象，都在走出校园的那一刻戛然而止，就像一辆车一样，刚从工厂出来，还没等上路，就失去了引擎。在过去，所有的车都在同样的传送带上行驶，看不出功能和内在动力系统的差别。但是现在，功能差、驱动力不足，不论把车子放在哪条路线上，恐怕都难以跑远。

这就给家长们出了一道难题：当环境千变万化，未来不可预测，机会不能确定时，我们到底该怎样教育和培养孩子，才能让孩子跟上社会的快速发展，在 20 年后依然保持竞争力？尤其在未来人工智能到来的时代，很多工作都将被机器人取代，孩子要具备哪些能力，才能获得理想的工作和幸福的生活呢？

在这个瞬息万变的时代，我们很难准确地预测未来，但通过对未来社会发展和大环境的分析，我认为具备下面几种基础能力的人才，在未来不但不会被轻易淘汰，还有可能获得更好的发展。

学习能力强的孩子

不论是现在还是未来，拥有较强学习能力的孩子，对自己都会有清晰的认知，比如：我想要什么，我擅长什么，我的理想是什么，我未来想要一个什么样的人生，以及为了实现这样的人生我要怎么做，等等。

未来虽然还很远，孩子今天所学的知识或许在不久的将来就会被淘汰，但孩子具备的强大学习能力却不会消失。这种学习能力不仅仅指孩子学习知识和技能的能力，还包括自我成长能力、处理突发事件的能力、合作交流的能力等。世界虽然在不断变化，但只要孩子能以积极的心态和方式应对每一次意外，顺应外界的变化，通过主动学习不断充实自己、丰富自己，就能在未来获得属于自己的一席之地。

有创造能力的孩子

清华大学前校长陈吉宁曾经说过："未来社会需要的，是那种逻辑思维缜密，能够应对变化，提出独特想法的创造型人才。"

未来会怎样，现在谁也给不出一个准确的答案，但生命中所有的活动，最重要的莫过于创造能力。尤其在未来的人工智能时代，只有敢于创造、不断创新的人，才能超越机器，获得

更多的机会。

　　但是，现在不少父母都有这样一个误解，认为创造能力的人一定是在艺术、绘画、音乐等方面有特殊天赋的人。事实并非如此。创造能力的核心是解决问题的开放性。我们教育和培养孩子的目的，并不只是为了让孩子掌握更多的知识、学习更多的技能，而是培养孩子成为一个能够独立思考的人。就像耶鲁大学的前任校长理查德·莱文说的那样，教育的核心是培养批判性独立思考的能力，敢于打破常规，为终身学习打下基础。

　　计算机和 AI 所不擅长的，就是不按现有规则做出答案，以及自己可以创立新的规则。所以，相对于孩子能否取得好成绩，在考试中得多少分，父母更应该关注的是孩子是不是具有独特的观点和思维，以及迎接未来和适应未来的创造能力。

有抗逆能力的孩子

现在的很多孩子，一遇到困难就退缩，一遇到逆境就崩溃，完全不知如何应对。这样的孩子就是缺少抗逆能力。

抗逆能力是一种个体面对生活逆境、创伤、悲剧、威胁，以及其他重大压力时所具备的良好适应能力，它意味着人可以从困难之中恢复过来，重新开始。抗逆能力强的孩子，也可以更好地适应环境，适应外界不确定性的变化。

心理学研究发现，抗逆能力是一个人与生俱来的潜力，并且年龄越小，抗逆能力越强。所以，父母完全可以通过在家庭生活中对孩子施以积极正面的影响，帮助孩子增强抗逆能力，使孩子在未来面对困难、挫折和失败时不会轻易放弃，成为一个积极、自信、乐观、向上的人。

有情绪管理能力的孩子

关于人才，清华大学彭教授提出了一个特别简单的标准：未来需要人工智能无法取代的人才。

什么是人工智能无法取代的人才呢？

我认为其中必须包括一项技能，就是建立在同理心沟通优势之上的情绪管理能力。能够很好地管理自己情绪的孩子，在面对挫折、失败时更容易自我化解，或者给予自己强大的心理暗示，让自己学会转化情绪带来的巨大波动和伤害，继而以积极的态度去面对问题和解决问题，而不是一味地逃避和推卸。

当然，除了以上四种关键能力外，思维能力、动手能力、专注力、想象力等基础能力，也应该成为孩子必备的技能，这些都将在未来 20 年后帮助孩子获得更强大的竞争力。

周国平曾说，真爱孩子就应该从长计议，使孩子在离开父母后仍然有能力生活得很好。孩子是一个复杂的个体，教育孩子也是一个复杂的过程，我们不能要求孩子掌握每一项可以生存和发展的能力，但却可以根据孩子的特点和天赋，尽可能地挖掘他们自身具备的潜能，培养他们欠缺的能力，帮助他们养成健全的心智、强大的学习能力、独特的创造力以及完善的人格，让孩子对自己形成正确的认知，并能够积极地看待自己的未来，勇敢地走向自己的明天。

今天我们的孩子还缺什么

我们今天的世界发展非常快,具体体现在两个方面:一是事物发展的速度越来越快,二是资源分配越来越不均衡。

比如,我们现在使用的手机,比几十年前登月时所使用的电脑功能都要强大。过去很难理解的导航技术,现在已经成为我们日常生活离不开的东西。过去火车经历了几十年才产生技术变革,现在无人驾驶技术都已经被提上日程,可能在 5 年,甚至更短的时间内就会实现。

信息技术发展让世界变化越来越快,也给家长们带来了教育上的焦虑。大家应该听说过"80/20"原理,即 20% 的人做了 80% 的事,挣了 80% 的钱,这就使得各种资源、人才等竞争愈发激烈。在这种情况下,父母需要赋予孩子什么样的技能,才能让孩子将来可以拿到一个好的 offer(录取通知)?

我相信很多父母都已经在积极地为孩子的未来做准备了,虽然现在国家开始实行"双减"政策,但他们还是给孩子报了很多兴趣班,从钢琴到马术,从编程到书法……期望这些能够拓展孩子的学习领域，发掘孩子自身的天赋。有时候，父母还会对孩子进行技艺强化，希望孩子在某个方面获得更好的发展，甚至以后靠着这份技艺生存于世。

但是，这种学习所带来的知识和能力，并不一定能让孩子真正获益。举个例子，现在很流行思维导图，很多孩子在学习思维导图后，可能会迅速将一本书中的内容画成思维导图。表面看，孩子似乎在短时间内就掌握了一种思维方法，实际上思维最核心的能力——思考能力，并不见得获得了很大的提升。孩子缺乏独立思考的能力，即使会画很多种思维导图，也没有太大的价值。

那么，对于孩子来说，到底什么才是最有价值的呢？或者说，我们今天的孩子到底缺什么？父母要从哪些方向培养，才能弥补孩子的不足，让孩子未来能够更好地适应社会的飞速发展呢？

在最近几年大量的观察和研究中，我发现，今天的孩子在以下几个方面有着明显的缺失：

缺乏自我认知

我在工作当中经常会跟孩子们接触，在这个过程中，我常常会被孩子们所拥有的丰富知识和技能所惊到，比如有的孩子小小年纪，就能背下几千首诗；有的孩子会变魔术，还有的拿到了钢琴几级、舞蹈几级等。但是，当我问他们，假如爸爸妈妈不要求你们学这些，你们最想干什么？孩子们的回答五花八门，有的孩子说，自己最想打游戏、看动画片；有的孩子说，自己最想去流浪；还有些乖巧的孩子说，自己一直都听爸爸妈妈的话，爸爸妈妈让自己干什么，自己就干什么，所以不知道自己最想干什么……

孩子们每天学习的东西太多了，也被管得太严了，虽然他们掌握了很多知识，学会了很多技能，但却没有自己的方向，也没时间去探究和尝试自己真正热爱的东西，基本都是被大人牵着鼻子走。没有方向，就注定没有目标，自然也不知道自己要干什么、能干什么。未来一旦脱离父母的管束，自己面对人生时，就会完全不知所措。

缺乏内在动力

当前教育面临的最大问题就是功利性太强，父母经常鼓励孩子好好学习，将来考个好大学，找份好工作，在激烈的社会竞争中立足。虽然大部分孩子未来走的都是这样一条成长道路，但对于孩子来说，他们却要从小背负应试的沉重压力，把学习当成一项不得不完成的任务，从中很难找到乐趣，自然也就缺乏内在动力。

事实上，不论是学习还是做其他事情，都应该是出于孩子内心的真实需要，而内在动力就是驱动孩子主动做事、主动学习、主动进步的有效力量。这种动力会让孩子在没有外界要求或奖励的情况下，也能自发地想要变好、想要行动。这种面对任何事情都想自己尝试，碰到困难也想要自己解决的态度，才是孩子主动性的内因。

但是，我们发现，现在孩子对很多事情都缺乏动力和兴趣，有时宁愿窝在家里打游戏、看漫画，也不愿意学习或参加一些有益的活动。这种现象就会让孩子越来越缺乏能量和价值感，甚至会产生自卑情绪，遇到问题也容易自暴自弃。

缺乏成长型心态

以前，一个人读个研究生，就相当于有了高学历、铁饭碗，可以找到一份不错的工作，一辈子基本能够衣食无忧了。

然而现在，新的事物、新的信息随时随地都在出现。一个人即使读完大学，掌握最多的也就是大学里所学的知识，但这些知识在当前的社会形势下是根本不够的。这时，成长型心态就变得特别重要。

那么，什么是成长型心态呢？

简单来说，就是孩子要能够意识到，知识、技能都不是死板的，人也不是死板的。对于那些新鲜的、不懂的知识，孩子愿意慢慢去学习、弄懂，并且知道自己的不足，能够不断去学习新的知识，掌握新的技能。这样的孩子，未来才能更好地适应社会的发展。

缺乏综合能力

合作能力、创造能力、抗逆能力、共情能力、情绪管理能力等等，这些能力听起来好像很高深，小孩子需要掌握这些能力吗？

实际上，这些能力就是一个人的综合能力。它通常是指一个人能够利用基础知识做成一件事，或者多个人一起组成团队，把每个人所拥有的不同技能整合在一起做成一件事的能力。这其中就要运用到个人的创造能力、设计能力、合作能力等。具备这些能力，不但可以帮助孩子学会沟通、合作、创新，还能发现错误，战胜困难，调整自己，未来才有可能站得更高、走得更远。

但是，现在很多父母都存在一个误区，认为孩子小时候只需要学习基本知识，具备一些基本能力就足够了，综合能力以后走上社会参加工作后自然就学会了。而事实上，孩子从小到大，从幼儿园到小学、中学、大学，这些综合能力都是与基本知识和技能紧密地联系在一起的，只不过绝大多数父母更注重孩子基本技能的学习和培养，忽略了综合能力。这一点是需要我们注意的，一个具有较强综合能力的孩子，在未来才会后劲十足，也更容易在社会上脱颖而出。

父母的认知高度，是孩子真正的起跑线

我在与很多家长打交道过程中，发现这样一个现象：家长在教育孩子时，常常容易只见树木，不见森林；只看到眼前，看不到长远；只看到表面，看不到本质。孩子出现问题了，就

头痛医头，脚痛医脚……这些都是缺乏未来思维的典型表现。结果我们也看见，孩子的成长问题越来越多，家长越来越无奈。

我之前认识一位家长，在他的教育观念中，孩子就应该从小学习好，上个好大学，找份好工作，拿不错的薪水，这样的人生就是成功幸福了。所以，他对孩子的学业要求一直非常严格，孩子只要有一次考试成绩下滑，他就会特别焦虑，甚至马上去找老师刨根问底，还非常严厉地批评孩子，让孩子找到原因。

孩子从小在这样的环境中成长，对成功的认知很单一：学习成绩越好，这个人就会越优秀、越成功。最后，孩子不负众望，考入了一所重点大学。但进入大学后才发现，他的同学中比自己成绩好、比自己优秀的人太多了。更重要的是，这些同学的视野比自己更加开阔，各种能力也比自己更强。之前自己只会埋头苦学，现在和同学一交流，完全没有了优势感，结果不到一年就闹着要退学。

父母都希望自己的孩子能够拥有一个好的前途，所以从小对孩子要求严格，或者尽己所能地为孩子提供各种学习上的帮助，希望孩子可以在众多竞争者当中脱颖而出。

父母的初心是好的，但方法却不见得有效，因为孩子在成长过程中会遇到各种各样的问题，学习问题只是其中之一而已。即使在未来，孩子也需要应对除学习之外的其他问题。如果孩子的眼界不够宽，各方面能力不够强，就算学习再好，成绩再优秀，考再高的分数，也不具备理解问题和解决问题的能力，无法为社会创造价值。显然，父母这种狭隘短浅又缺乏系统思维的教育理念，对孩子的长远发展是非常不利的。

我们经常说，不要让孩子输在起跑线上。那么，孩子的"起跑线"到底是什么？是富裕的家庭条件，还是精英式的教育方式？是孩子的考试分数，还是五花八门的兴趣班？如果父母没

有那么好的经济条件，或者孩子现在的学习成绩并不那么理想，是不是就代表孩子已经输在起跑线上了呢？

我曾经在网上看到这样一个问题："不要让孩子输在起跑线上，是最大的谎言吗？"其中有一个高赞回答是："这句话不是谎言，只不过用错了对象。让孩子不要输在起跑线上，不是将来往死里折腾孩子，而是现在往死里折腾自己，因为孩子的起跑线就是你。你的认知高度、学识修养、道德三观，决定了你的孩子从哪开始跑、往哪里跑以及怎么跑。"

看到这个回答，父母们有没有"扎心"的感觉？

实际上，孩子人生真正的起跑线，与父母是不是严厉、是不是有钱、家庭条件好坏等没有必然的联系，但的确与父母的认知、学识等密切相关，尤其是父母的认知高度。格局和认知不够高的父母，对孩子来说就是一种成长限制。他们无法为孩子展示世界的广阔，只会将孩子局限在自己的精神高度里，以自己的认知来要求孩子。最终，孩子的未来也只能局限于父母的认知当中了。

很多人应该看过《出路》这部纪录片，它是用 6 年时间记录了 3 个处于不同阶层，在不同家庭环境中成长起来的孩子，他们的生活轨迹和最后的人生方向。

一个是生活在甘肃偏远农村贫困家庭的女孩马丽娟，尽管她曾经梦想自己能考上北京的大学，但16岁时，她却被迫辍学嫁人。因为她的爷爷说，女孩子读书是没用的。

另一个是生活在湖北小镇上的男孩徐佳，他的家境贫寒，父母都是农民工，但父母却咬牙坚持供他读书。因为妈妈告诉他，就算以后出去打工，太低的文凭人家肯定也不要。经过三次复读，徐佳考上了大学，毕业后又经过几年努力，现在已经成为城市中产。

还有一个是生活在北京中产家庭的女孩袁晗寒，从小到大，她读的是最好的幼儿园、最好的小学、最好的中学。高中时，尽管她就读于很多人梦寐以求的央美附中，可她却选择休学，父母不想看着她大好的年华就这样虚度，后来出钱给她开了一个小店。妈妈说，这就当是给她交学费了，她的爱好大于一切。之后，袁晗寒又游历欧洲，读了艺术方向的硕士，成为了公司的CEO。

这部纪录片中的3个孩子虽然拥有不同的家庭背景，但他们也有相同之处，就是都在不断地寻找自己的出路。虽然这3个孩子的人生不足以代表所有人，但仍然给了我们一个深刻的启示，就是父母的认知高度和眼界的开阔程度，对于孩子的成长和未来来说有着非同小可的影响。能够努力上进，对未来看得长远的父母，无疑可以为孩子助力，让孩子的道路越走越宽，未来也有机会去尝试不同的人生。

德国哲学家雅思贝尔斯说："教育的本质就是一棵树摇动另一棵树，一朵云推动另一朵云，一个灵魂召唤另一个灵魂。"在孩子成长过程中，需要努力的从来都不仅仅是孩子，还有父母。要想让孩子越来越好，父母就要不断升级自己的认知，拓宽自己的眼界，突破自己的思维局限，让自己站在更高的维度上，对于未来有更精准的把握。同时，还要对成长中的孩子多一些了解，对孩子的未来多一些远见，在不断激发孩子潜能的基础之上，帮助孩子获得能真正立足未来的能力。可以说，父母的认知和格局越高，孩子的起跑线就越高，未来孩子看到的世界也就越广阔。

用"复利思维"为孩子的未来赋能

股神巴菲特曾经说："人生就像滚雪球，关键是要找到足够湿的雪和足够长的坡。"作为投资界绝对的"大咖"，巴菲特一直坚持稳健投资。而他一生中 99% 的财富，都是在 50 岁之后获得的。

这就是一种运用复利思维投资的策略。简单来说，它是指在本金获得利息后，再让利息计入本金一同产生利息，使利息成倍增长。而且越到后期，所用的时间越短，获得的利益越多。说白了，复利思维就是"利滚利思维"，也就是努力使一件事按照指数增长的一种思维方式。

我们说，在教育和培养孩子这件事上，父母要立足于未来，帮助孩子获得未来需要的能力。这时，一些有远见的父母就会利用复利思维为孩子的人生投资，为孩子的未来赋能。教育孩子本来就是个长期的过程，在短时间内，你可能很难看到孩子有明显的进步，但放到五年、十年之后看，孩子的成长进步可能就是巨大的。这就像读书一样，如果你一天坚持读书半小时，与不读书的人相比，半年、一年看不出什么差距，但坚持五年、十年后再比较，两者的差距就不在一个量级上了。就像著名主持人董卿说的那样："你在读书上花的任何时间，都会在某个时刻给你回报。"

在教育孩子过程中，如果我们能针对孩子的某些不足，每天对孩子进行正向教育，孩子在短时间内也许看不出什么变化。但是，每天坚持进步一点点，积累的力量就会不断增强，总有一天会实现从量变到质变的变化，产生巨大的成长效应。

然而实际情况却是，很多父母在教育孩子的时候，总是抱着一种期望立竿见影的心态。就像我们今天看到一本书，发现自己之前的某些教育行为是错误的，于是马上改正错误，并且恨不得孩子明天就变好。如果坚持一段时间，发现孩子并没有好的转变，就会感到心灰意冷，之后便放弃了这种教育方式。

这就很像马云曾经说过的一句话：今天很残酷，明天更残酷，后天很美好，但是绝大部分企业都死在了明天晚上。

　　我之前认识一位家长，那时他儿子读小学，他就跟我说，孩子专注力差，没耐心，不管是学习还是做别的事，经常三分钟热度，有时甚至连三分钟都不到。他问我这以后会不会影响学习，应该怎么办？

我就跟他说，专注力对于孩子以后的学习和成长确实很重要，如果觉得孩子专注力不好，现在就应该有意识地帮助孩子锻炼专注力。一开始可以从短时间开始，比如每次鼓励孩子多坚持一分钟。循序渐进，慢慢练习，孩子的专注力就会有所提高。

大概一个月后，我又见到了这位家长，就问起孩子的情况。他叹了口气，说："可别提了，坚持了一周多，也没什么改变，后来干脆放弃了。我就想，以后长大些，他可能慢慢就好了。"

仅仅一周时间，就希望看到孩子发生转变，这怎么可能呢？这种急功近利的心态，放在做短期的事情上都不一定能见到成果，何况是放在教育孩子这样一项长期的事业中了。

在家庭教育中，父母具备复利思维，不但能帮助孩子不断积累知识和技能，还能培养孩子的自律意识和目标意识，最终让孩子成长为一个能坚持、有远见、敢于行动的人。而不管是知识、技能，还是自律意识、目标意识、行动力，都是孩子决战未来必不可少的底气和优势。

而且，当孩子在父母的帮助下克服了一个个困难，向更高的阶段迈进时，他们的内在能量也会得到激发和释放，个人优势也会得到创造性的发挥。当一个坚持画画的孩子，在涂涂改改之后，让一张白纸在笔下慢慢呈现出优美的图案的时候；当一个坚持建构的孩子，看到经过推翻、重建之后，木块变成了一座城堡的时候；当一个坚持弹琴的孩子，一首曲子从开始的断断续续到后来弹得流畅优美的时候……他们都会自然而然地体验到自己的能量，也得到了最高的内在报偿。这种能量会促使孩子变得更加积极、更加自信，并在未来为孩子带来更大的价值感和幸福感。

当然，在这个过程中，父母所运用的方法也很重要。掌握科学的教育方法，胜过任何无效的努力。所以，我希望每一位父母在教育孩子的过程中，都能放下"短时间、高回报"的心态，做个有远见的父母，运用好复利思维，帮助孩子一步一个脚印地走向属于他的美好未来。

第二章

激活内驱力，奠定孩子实现梦想的根基

在心理学上，一个人不需要外力的催促和压迫，就能从内心中产生一种愿意行动、主动行动的动力，叫作内驱力。在教育孩子的路上，唤醒和激活孩子的内驱力至关重要。因为对于每一个孩子来说，内驱力都是他们面向未来、自主发展的核心能力，也是他们未来实现目标与梦想最坚实的根基。

让孩子相信，他可以让自己变得更好

我经常听到父母们说一句话，就是"别人家孩子怎样怎样"，比如：某某家孩子可以自觉学习，主动完成作业，从来不让父母操心；某某家孩子在生活方面表现很优秀，不用父母监督，就能进行良好的自我管理……

谁不想当一个省心的父母呢？可是回过头看看自己的孩子：每天不知道要催促几遍才肯写作业，不催促就永远不会主动写；每天早晨不叫几遍就不起床；自己的东西扔得到处都是，一会儿这个找不到了，一会儿那个又不见了；经常说自己"做不好""不会做"，做事经常搞砸……

是什么原因导致孩子的这两种截然相反的表现呢？

答案就是孩子的内驱力。

内驱力是指一个人强烈的内在意愿。具有内驱力的孩子，经常会把"要我做"变成"我要做"，并且他们还坚信自己可以管理好自己，可以让自己变得更好。这样的孩子就像一辆安装了发动机的汽车一样，前进的动力十足。

相反，那些缺乏内驱力的孩子，常常觉得自己不行，什么都做不好，遇到事情先打退堂鼓；或者觉得父母一切都会帮自己安排好，自己又何必费力去做呢？这样的孩子在学习和生活中就会表现得非常懒散、拖沓，做什么事必须有外力推着才行，不推就不做，推着还不一定会做好，做事效果可想而知。

父母都希望自己的孩子可以做到"马不扬鞭自奋蹄"，但真正能做到这样的孩子并不多。然而，在社会竞争、教育"内卷"日益严重的今天和未来，如果一直依靠外力去推动孩子面对现在和未来的竞争，那简直太难了，只有调动起孩子的内驱力才是关键。内驱力是孩子自动自发和自强自信的源泉，毕竟"你要加油""你可以的"等口号都是别人喊出来的，"我要加油""我能做到"才是真正点燃孩子内心激情的火焰。不管外界竞争多么残酷，时刻相信自己，保持内在的驱动力，孩子才能真正"跑"起来，"跑"向属于自己的未来。

但是，要做到这一点并不容易。尤其在孩子从小就比较缺乏内驱力的情况下，你要让他重新获得动力，建立自信，相信自己可以让自己变得更好，就更加不容易了。

当然，不容易不代表没办法。只要父母有足够的耐心，运用科学、恰当的方法，还是可以一点点地调动起孩子的内驱力的。

不做老板型父母，让孩子有自己做主的能力

很多父母在教育孩子时，就像是孩子的老板一样，习惯一切都是自己说了算，事事都要为孩子做主。发现孩子做不好时，他们还会批评、指责孩子。久而久之，孩子就会觉得自己什么都做不好，做了也会被批评，索性什么都不做了。

这点很容易理解，人都有趋利避害的本能，孩子也不例外，既然一做错事就被骂，那干脆不做了，不做就不出错。因此，孩子自然就不愿意再主动做事了，内驱力也会越来越差。

如果你之前也是这样对待孩子的，那么从现在起，我建议你不要再让自己做老板型的父母，多给孩子一些自己做主的机会。一开始，你可能很难做到不去控制孩子，那就从有意识地控制自己的语言开始。

比如，当孩子提出自己的某些想法时，我们不妨先做个倾听者，别急着否定孩子的想法，或者提出自己的意见，而是说："如果你认为这件事可行，那这件事就听你的吧！"

在学习方面，我们也可以逐渐对孩子放手，而不是一副"我让你干啥，你就干啥"的老板姿态，试着给孩子更多的信心，让孩子有机会自己做主，并且鼓励他们自己承担有限的后果和责任。比如告诉孩子："你可以自己决定写作业的时间。"如果孩子完不成，那么第二天他就要自己去面对老师。

孩子以后总要自己面对人生，在他们成长的每个阶段，如

果我们都能让他们适当体验自己做主、自己承担后果的经验，长大成人后，在面对人生更重要的选择时，他们才有能力做出更好的选择和决定。

做孩子的欣赏者，而不是批评者

我们都知道培养孩子兴趣的重要性，但很多父母却习惯把自己的喜好当成是孩子的"兴趣"。如果孩子想做一些自己喜欢的事，父母就觉得"没用""瞎折腾""浪费时间""不务正业"。这些做法很容易破坏孩子的内驱力。

如果孩子想做一些自己热爱的事情，哪怕你觉得不重要，或者没有用的时候，最好也能做个欣赏者，去放大孩子热爱和激情的火花。

我曾看过一个采访，被采访者是一位颇有正能量的演员。他说，自己上学时喜欢玩滑板，当时身边的大人都觉得他不务正业，不好好学习，学这些有什么用？

但是，他的妈妈却一直支持他学习，还经常夸他练习努力，夸他技术又有了长进。更重要的是，妈妈会夸他有自己的爱好和目标。在妈妈的支持下，他也觉得自己很棒，在学习一项很有意义的运动。

长大后，他虽然成了一名演员，但一直没有丢掉滑滑板的爱好，而这项爱好也给他带来了很多优质的资源。

很多在大人眼里的"不务正业"，也许在未来恰恰可以帮助孩子成就一番事业。作为父母，如果孩子喜欢和学习的是一些有益于身心健康的活动，我们都要用欣赏的眼光去看待和欣赏，而不是批评和否定，这样才能不断放大孩子的优点，激发孩子的动力，让孩子从中体会到"赢"和"上升"的感觉。

引导孩子改变自己的消极想法和言语

缺乏内驱力的孩子，经常会担心自己做事做不好，遇到问题就想寻求外界的帮助。为了打消孩子的这种想法，我们可以经常告诉孩子，他不需要按照别人的想法来生活，也不需要征得别人的同意来做事，要学会独立思考和行动。

如果孩子还是不敢做，那就鼓励他们从关注自己的想法和行为开始，比如，我们可以对孩子说："先说说你对这件事的看法吧，说错了也没关系。"如果感觉孩子的想法有些负面或消极，那么结果也可能是消极的，这时我们不妨引导孩子换一种说法，让孩子想想是不是会有不同的结果？也就是说，要让孩子成为自己的思想和行动的判断者和指引者。

有一次，我儿子跟我说："妈妈，我觉得游泳太难学了，

我学了几次都不会，还呛了水，我一辈子都不想学它！"

我听了，就对他说："学游泳确实比较难，呛水是很让人难受，我以前学游泳时也差点就放弃了。不过，我现在特别感谢自己当时坚持下来，学会了游泳，因为每次游完泳，我都感觉身心非常放松。你知道吗？我还得过校队里的游泳冠军呢！"

我儿子一听，立刻来了精神："真的吗？那我是不是应该超越您一下？青出于蓝而胜于蓝嘛！"

后来，他也真的克服了自己的心理障碍，学会了游泳。

孩子自己在思考或经历一些事情后，产生的想法和行动也许不那么积极。但我们不要急于评价或否定，而是耐心地与孩子沟通和协商，引导孩子向着更全面、更积极的方向思考，帮助他们改变消极的想法和言语。当孩子能够依靠自己的能力想办法实现目标的时候，他们就会逐渐对自己的能力产生更加积极的认知，也会有更大的动力去让自己变得更好。

自由的孩子会更自觉

我曾看过儿童教育家樊老师的演讲，有几次他都讲到了自己教育孩子的方法。他说，自己对孩子的学习几乎不怎么管，但孩子的成绩却很好。有些父母听了，可能觉得樊老师在炫耀：你看我都不怎么管孩子学习，我的孩子还是尖子生。

实际上，作为一名家庭教育研究者，我跟无数家长和孩子打过交道，也发现一些尖子生的父母确实不怎么管孩子。这让我想起了教育专家尹建莉说过的一句话："自由的孩子最自觉。"但是，不管是一些尖子生父母对孩子的"不管"，还是尹建莉老师说的"自由"，都不是对孩子的放任自流。真正的自由是给予孩子一定的选择权、尝试权和犯错误权，允许孩子自己对事情做出选择，承担责任，也允许孩子勇敢地去追求自己喜欢的事情，允许孩子大胆试错，从错误当中得出有益的经验和结论。

艾尔菲·科恩在《无条件养育》中说："孩子学会做正确决定的方式，就是通过自己做决定，而不是遵循安排。"那些做事主动，对各种事情都有自己主见的孩子，背后站着的往往都是"不愿意替孩子做决定"的父母。他们会将一些事情的选择权、决定权交给孩子自己，让孩子自己去选择、决定和承担责任。

一位央视著名主持人曾经分享过她教育女儿的方式。她说，自己平时对女儿说得最多的话就是："你自己来决定吧。"

在女儿四五岁，开始懂得爱美的时候，她就专门给女儿准备了一个小衣柜，并且告诉女儿："这是你的衣柜，以后你的衣服要自己整理，并且你可以自己决定每天穿什么。"由于年龄小，女儿一开始不知道怎么整理、怎么选择，她就会给女儿做一些示范或提一些建议，但最后还是由女儿自己来做选择。

后来，女儿读书、留学、恋爱、工作等，目标都很清晰，而且都是积极主动地去追求、去完成。

表面上看，这些父母似乎对孩子很放纵，对孩子的学习和成长不管不顾，其实并非如此。这些父母的心中早已为孩子谋划好了更长远的未来，对孩子的未来设想也提前勾画好了蓝图。只是他们的关注点更加长远，不会只盯着眼前的琐碎小事。这种规划，不仅仅是基于孩子眼前的学习成绩好坏，而是期望孩子能够从各方面的尝试和体验中，获得更加全面、健康的发展。

当然，结合我多年对家庭教育工作的研究经验，我发现想让孩子变得自觉、主动，并不是单纯地告诉孩子"你自己决定"或者"你有自己选择的自由"就可以了，而是要积极地帮助和引导孩子，既能让他们在选择自己喜欢的事情上有充足的自主权，又不会偏离大的教育方向。

允许孩子追求自己的热爱

在孩子小的时候，他们对于一些东西的热爱是与生俱来的。比如，蹲在地上看蚂蚁，一看就是大半天；喜欢玩奥特曼，家里的玩具大部分都是奥特曼；喜欢搭积木，可以坐在地上搭半天；喜欢涂涂画画，画的东西天马行空……

当孩子在做这些事情的时候，你会发现孩子是沉浸其中、非常享受的。但是，大部分父母却希望孩子喜欢那些高大上的东西，对学习有所帮助的，所以在看到孩子玩这些东西时，经常会打断孩子。慢慢地，孩子就会放弃自己的热爱，失去了追求自己喜欢事物的动力和热情。

但是，如果我们支持孩子的热爱，允许孩子勇敢地去追求自己喜爱的东西，那么孩子就会由内而外地迸发出巨大的热情和动力，几乎不需要我们督促，就能把自己喜欢的事情做好，甚至做到极致。

济南市有一位男孩，凭借解剖小龙虾，获得了全国中学生生物奥林匹克竞赛的金牌。也因此，他还获得了被保送清华大学读书的资格。

他是在上高中时开始喜欢上生物学科的，从此便一发不可收拾。而男孩的父母对他一向没有严格的要求，只要孩子不做违背原则的事情，他们对他的爱好都是接受并非常支持的。

正是在这种比较自由的家庭教育环境下，他才得以尽情地追求自己的热爱和目标。

爱因斯坦说："对于一切来说，只有热爱才是最好的老师。"孩子只有在做自己喜欢的事情时，才会一直保持着浓烈的兴趣，并且会更加自觉、主动地挑战自己，不会轻易在困难面前低头和放弃。这样的孩子，不但未来可能会在自己热爱的方面上取得成就，还可以在不断的尝试和自我挑战过程中磨炼坚强的意志力，从而更好地适应未来的不确定性。

允许孩子放弃尝试之后不喜欢的东西

孩子毕竟年龄小，容易被一些新鲜的事物所吸引。比如，有的孩子看到别人弹琴，自己也想学，于是父母兴冲冲地给孩子报了名、交了钱，期望孩子能够学出点成绩来。可是孩子坚持不了一两个月，就吵着不想学了。这时，我们该怎么办？

我认为，如果孩子尝试之后，发现自己真的不喜欢，我们要允许孩子放弃，千万别逼着孩子去学。

在我儿子6岁多时，有一次，我带他去玩室内滑冰。他看着速滑班里那些在冰面上尽情飞驰的孩子们，羡慕得不得了，吵着自己也要学。我当时有些顾虑，担心他只是一时兴起，但他一再跟我保证，一定会坚持下来，说自己非常想学滑冰。

我拗不过他，就给他报了几节速滑班的课，让他先尝试一下。没想到他只去了两次，就死活都不肯去了。不过，我并没有随便就让他放弃，而是跟他深谈了一次，并给他提了一点要求，就是要把剩下的三节课认真上完。即使不喜欢，也要尽自己最大努力去完成课程，就当是学了一门技艺。

他接受了我的提议，并表示以后想尝试一些其他活动时，一定会先提前做好功课，发现真的喜欢之后再行动。

这样一来，孩子的心态就放松了，以后再有感兴趣的东西，也仍然有勇气去尝试。但是，在放弃前我们需要确定两点：一个是孩子真的努力学习过，或者为孩子设置一个看得见的小目标，等孩子认真完成之后再放弃，让孩子知道做事应该有始有终；二是在孩子放弃后，要让他承担相应的后果，比如在接下来的一段时间内，不能再报类似的兴趣班等。这样体面地放弃，反而可以更好地激发孩子，去寻找自己真正热爱的事物。

成长三角形，帮助孩子获得成长心态

2019 年，美国一个致力于教育创新的研究机构发布了一份报告，列出了最近几年美国教育工作者最关注的 30 个教育发展趋势。其中，排在第一位的是"成长心态"。

这份报告还引用了斯坦福大学教授卡萝尔·德韦克在《心态：成功的新心理学》一书中的理论：儿童和成年人的相似之处在于，他们有两种可能的心态，一种是固定心态，一种是成长心态。

有着固定心态的孩子认为，人要么是聪明的，要么就是愚蠢的；人的能力天生就无法改变，要么天生就拥有各项天赋和技能，要么什么都没有。而且他们还认为，这个世界是由一些有天赋的人组成的，其余人只能在一旁欣赏他们，无论自己怎么努力，都赶不上那些有天赋的人，而且自己也不会成功，因为这不是他们 DNA 的一部分。

相反，有着成长心态的孩子却认为，任何人都可以让自己变得更好，可以把自己塑造成自己想要成为的样子。智力和才能也不是一成不变的，只要努力，每个人都能获得提升自己的机会。

德韦克发现，孩子的心态就是他们如何看待自己的能力，这一点在他们的行动和成就中起着重要作用。如果能改变他们的心态，就能提高他们的自信心和内驱力。所以，那些拥有成长心态的孩子相信自己的智力可以发展，他们也要比那些拥有固定心态的孩子在各方面表现更优秀。而且这种积极的态度也会点燃他们的内驱力，赋予他们勇气，让他们在遇到困难、面对失败或犯下错误时，仍然可以相信自己能通过努力战胜困难。

不过，成长心态也不是天生的，而是后天培养的。其中最有效的方法，就是多给予孩子恰当的鼓励。我这里说的"鼓励"，并不是父母每天都对孩子说"你真棒""你最厉害""你好了不起"等空泛的话，而是运用以下三种方法。我把这三种方法称为帮助孩子获得成长心态的"成长三角形"。

告诉孩子，我们的大脑是可以变强的

我们都希望自己的孩子聪明、有智慧，积极乐观地成长，但有的孩子总是会表现出一些固定心态，比如觉得自己很笨，不如别人聪明，不敢去尝试新事物等。

为了避免孩子形成这些心态，我们平时就要经常告诉孩子，人的大脑是可以变强的。就像著名心理学家艾利克森在《刻意练习》一本书中说的那样，即使是那些所谓的天才，也都是刻

意练习的结果。大脑就像肌肉一样，它的潜能是无限的，如果我们愿意刻意训练，就能促使它激发出更多的潜能。

与此同时，我们平时也要多给孩子一些信心，鼓励他们多动手、多动脑。尤其在孩子接触到新事物，却发现不容易学会时，更应该多给他们一些指导、鼓励和信心，帮助他们一点一点地建立起成长心态。

告诉孩子，我看到了你努力的过程

很多父母也知道应该多表扬孩子，但在表扬时，往往张口就是"你最棒""你真厉害""你好聪明"等等。德韦克认为，我们表扬孩子的聪明才智可能会在短时间内让孩子获得自信心，但是，这种方式也容易让他们形成对自己智力的固有看法。为了表现自己一直"聪明"，孩子会不敢面对挑战，害怕挑战太难或挑战失败后，就表明自己"不够聪明"。长此以往，他们不但不会变得更自信，反而还会对自己失去信心。

所以，表扬孩子一定要具体明确，要表扬他们努力的过程而不是结果，表扬他的努力、专注、坚持、创意、策略等。比如："这次做得很好，看来你下了很大功夫，很努力！""你是个有勇气的孩子，敢于挑战自己。""你能坚持做这件事情，让我很惊喜！继续坚持哦！"……类似这种表扬的话语，才能在孩子心中埋下成长思维的种子，孩子也会把每一项任务当成是成长的机会，愿意花更长的时间去钻研难题，主动选择更困难的任务，挑战自我。

不要用当下成绩评判孩子的未来

对于孩子来说，失败是一件很糟糕的事。但是，如果我们能引导孩子正视失败，并从失败中学到东西，那么失败也可以成为一件好事。

比如，孩子考试没考好，心情很糟糕，这时有的父母就会说："看你考这点儿分数，怎么可能考上重点高中？""这样的成绩，你还想上好大学？""你肯定没努力，不然成绩怎么这么糟糕！"

一定要记住，我们的孩子都很优秀，但再优秀的人也会遇到失败。在任何人的一生中，失败都是一件再正常不过的事了。而孩子当下的成绩不理想，只是因为尚未找到更好的学习方法。我们要相信孩子具有无限可能，切忌用当下的成绩来判断孩子的未来走向，更不要胡乱猜测孩子是不是贪玩、不够努力等。这样的做法，恰恰会让孩子陷入固定心态当中，越来越难以突破自己。

面对孩子的失败，我们要辩证地看待问题，既看到孩子欠缺的一面，也要看到孩子表现好的一面。对于欠缺的一面，我们可以帮助孩子积极弥补；对于好的一面，我们也要鼓励孩子继续坚持。这样，孩子才能获得成长的动力，为下一次变得更好而努力。

总而言之，就像苏格拉底说的那样：教育不是灌输，而是点燃火焰。每个孩子的内心都有一团易燃的火焰，只要是孩子自我驱动地去学习，他们就可以被点燃。教育就是个点火的过程，当父母将这把火点起来后，孩子就会产生源源不断的动力，并用尽一切办法去探索和求知，解答内心的疑惑，不断地寻找向上成长的动力。

当鼓励不再管用时，你该怎么办

曾有一位家长在跟我沟通时，告诉我说，她7岁的儿子有个毛病，就是没办法接受别人比自己好。比如在考试时，如果有其他同学超过他了，他就会很不高兴。哪怕她告诉儿子"你也考得很好"，孩子还是闷闷不乐好几天，连学习劲头都没了。

有一次，她儿子的两个伙伴来家里跟他一起写作业，一开始三个孩子都挺开心。写完作业后，她就说给三个孩子听写，她念字，三个孩子来写。结果，另外两个孩子的书写速度和正确率都比她儿子高，她儿子当场就大发脾气，说妈妈故意为难他，他根本不如别人，还要让他们一起听写，明明就是想让他丢脸。因为有其他孩子在场，妈妈不好直接发作，只好边安慰边鼓励儿子说："你写得也很好呀！"但是孩子根本不领情，后来索性不写了。两个伙伴也只好悻悻地回去了。

这位妈妈很着急地跟我说："我对孩子一直都是赏识教育，不管孩子做什么，我都积极地表扬他、鼓励他，可为什么孩子还这么玻璃心呢？难道是我的赏识过头了吗？"

现在很多教育专家崇尚赏识教育，认为"好孩子都是夸出来的"，家长教育孩子时，就应该多表扬、多鼓励。即使孩子遭遇挫折、失败时，也不要打击、指责孩子，而是鼓励孩子："你已经很棒了。""只要努力，你就一定能做到。""你也有自己的优点，不要气馁。"可他们发现，自己越是鼓励孩子，孩子非但没有变得积极、自信，做事反倒不如以前有动力了，有时面对困难还会刻意回避，害怕自己做不好，遭遇失败。

孩子之所以对父母的鼓励"免疫"了，主要原因就在于父母的鼓励方式不对。心理学上有一种现象叫"超限效应"，指的是由于作用时间过久、刺激过度而引起的心理逆反现象。这种现象有个典型案例，就是发生在马克·吐温身上的小故事。

有一次，马克·吐温在教堂听演讲。刚开始听时，他觉得牧师讲得很好，就决定要为教堂捐一些款。但随着牧师喋喋不休地讲个没完，时间一分一秒地过去了，马克·吐温越听越不耐烦。最后，他决定分文不捐，甚至走的时候还从盘子中取走了两块钱。

父母在表扬和鼓励孩子时，一开始孩子可能很受用，会因为你鼓励的话语和眼神而产生动力和积极性。但如果你每次都是相同的一套说辞，久而久之，孩子就不再信服和接受你的鼓励了。尤其当他们发现其他人比自己做得更好时，即使得到你的鼓励,内心也容易产生一种"我没那么好,爸爸妈妈不够诚实"的感觉。一旦产生这种想法,孩子就容易逃避挑战,放弃努力。

要想有效地鼓励孩子,让孩子在成功时能看到自己更多的优点,并继续保持;失败时发现自己的不足,并设法改进,我们就要多采取正向反馈的方式,替代那些千篇一律的泛泛表扬。

接受孩子当前的状态,给予孩子积极的引导

曾经有一位家长跟我说,他让上幼儿园中班的女儿每天练习写自己的名字50遍,不但要写够次数,字形还要达到要求。我当时很不理解,就问他为什么要这么做,因为中班的孩子不但手部肌肉尚未发育完全,要把字写好很有难度,加上50遍的任务,是很消耗孩子的自信心的。

但这位家长说,就算孩子是哭哭啼啼地完成,也算是完成了,这与同龄人比就算赢在起跑线上了。"而且,在这个过程中我还一直鼓励她呢!"他告诉我。

这种做法我不敢苟同。我们确实应该鼓励孩子战胜困难,但孩子成长和进步需要的不仅仅是大人的鼓励和鞭策,更需要强大的内驱力。孩子的内驱力是需要我们一点一点去激发的,而不是拔苗助长。所以,我更愿意接受孩子的现状,在这一前

提下，再去采取积极的态度，鼓励孩子战胜困难、战胜自我。

比如，我儿子在学游泳时，一开始学不会，很着急，我不会夸他游了几分钟、游了多少米，而是对他说："你能坚持练习就很棒。""你学会憋气了，真不错！""我看到你今天克服了对水的恐惧，有进步哦！"……

接受孩子的缺点和不足，也能看到孩子通过努力正在一点点地进步，这样的正向反馈才能帮孩子更好地建立信心，孩子也更愿意在自我鼓励下向好而行。

让孩子看到自己努力后所获得的成长

有一次，我儿子背下了一篇很难的课文后，我就对他说："哇，这么难的文章你都能背下来！我看到你背的时候一直在写写画画，能告诉我你是怎么背下来的吗？看来下次再遇到需要背诵的长篇课文，你就能轻易搞定了！"

这种反馈其实是在告诉孩子，遇到困难时需要坚持，不断尝试，找到办法去解决。这样，孩子获得的不仅仅是好的成绩，还有提升能力的动力。当孩子看到自己经过努力后达到的满意结果，就会更有成就感和喜悦感。以后再遇到困难，也敢于再次尝试去战胜它。

事实上，无论是鼓励也好，表扬也罢，我们夸孩子的最终目的，都是希望孩子能够获得强大的内驱力，未来能够成长为一个独立自主的人。当孩子的内心获得力量时，他们才能对自己做出正确的评价，在遇到困难和挫折时可以自我激励，而不是总要依赖外界的评价才能获得力量。而父母恰当的鼓励，就是在教会孩子怎样从自己身上找到力量，形成对自己的信任感，最终真正形成自信的品质和自主的人格。

允许孩子犯错，比防范失败更重要

从小到大，我们所接触的教育就是要少犯错误，最好不犯错误。但是，如今那些最厉害的人和公司最擅长的却是如何有效地犯错。天才数学家谷山丰的搭档志村五郎曾经说过："他

（谷山丰）天生就有一种犯许多错误，尤其是朝正确的方向犯错误的特殊本领。我很想模仿他，结果发现要犯好的错误也是十分不容易的。"

可能你会不解：错误也分好坏吗？犯错不都是坏事吗？

事实并非如此。好的错误，简单来说就是做事时不随机乱撞，它有一定的目的性，虽然可能导致失败，但却能让我们由此学会自我反思，从中吸取有益的经验和教训。

孩子的成长也需要亲身体验，你剥夺了孩子犯错的机会，让孩子一直都在一个"正确"的范围内成长，就等于是扼杀了他们的生命力。而允许甚至鼓励孩子犯错，当孩子有做不好、做不对的时候，就让孩子在不断犯错的过程中学着改正错误，这是一个非常好的自我完善的过程。就像心理学家、教育家简·尼尔森说的那样："错误是学习的大好时机，如何对待错误比犯的错更重要。"如果孩子没有这样的机会，他们就会事事依赖父母，最终形成父母累死、孩子笨死的情况。

有一部非常经典的奥斯卡动画短片，名字叫《鹬》。虽然只有短短的 6 分钟，其中也没有一句独白和对白，但却讲述了一段既有趣又令人深思的故事。

鹬妈妈带着小鹬到海边觅食，当鹬妈妈看到海滩不远处有食物时，它并没有直接过去把食物衔起来喂给小鹬，而是慢慢地把小鹬推到海边，让它自己去找食物。

小鹬来到海边后，忽然被一阵袭来的海浪拍打到了一边，非常害怕，慌忙地躲回到小窝里，一副不知所措的样子。但是，后来在鹬妈妈的鼓励下，小鹬还是小心翼翼地来到海边，结果不但找到了食物，还看到了不一样的风景。

孩子的学习和成长也像影片中的小鹬一样，在不断地尝试新事物，不断地战胜恐惧和挑战未知。只有当他们勇敢地迈出第一步，勇敢地试错之后，才会发现自己在不断成长、不断强大。更重要的是，他们在勇敢试错之后，才会积极去寻找正确的解决问题的方法，从而逐渐变得更自信、更勇敢，也更有勇气和动力去探索和发现更大的世界。

但是，绝大多数父母面对孩子的错误时，要么是严厉地批评指责，要么就是滔滔不绝地讲道理、说教，久而久之，孩子确实变得越来越听话、越来越乖，但也丧失了尝试新鲜事物的动力，失去了挑战的勇气，这是非常可惜的。

所以，智慧的父母会允许孩子勇敢地尝试各种事物，即使犯了错，也不会责备孩子，而是引导孩子正视自己的错误，再通过耐心的沟通，帮助孩子找出犯错的原因，反思错误中的一些问题所在，继而让孩子主动改正错误。这也是促进孩子不断向好的一个有效动力。

接纳孩子所犯的错，帮助孩子分析错误的原因

孩子犯错后，父母要接纳他们的错误，不要把这当成是孩子糟糕的表现。要知道，孩子每一次犯错，都会从中获得极其宝贵的经验。在上学时，很多"学霸"都会有一本错题本，里面记录的都是自己做错过的题目，每次考试前把错题本打开仔细复习，往往可以达到事半功倍的效果。孩子成长过程中所犯的错，就像那本"错题本"一样，你能正视孩子的错误，并和他们一起分析原因，引导他们改正错误，他们就能从这个"错题本"中吸取更多的经验和教训，获得更好的成长。

当弄清孩子犯错的原因后，如果不是原则性的错误，不会影响到孩子的安全、品行，也不会妨碍到他人等，我们可以先按捺不动，给孩子一个体验自然后果、自己发现错误并修正的机会。这本身就包含了观察、思考、总结、尝试改变方式、再观察、再思考、再总结的过程，对孩子来说是一个很好的学习过程。

相反，如果我们急于指出和纠正孩子的错误，就剥夺了他自我思考、自我尝试的机会，而且一旦指出错误的方式不恰当，我们就犯了"指正错误"的错，给孩子带来更多的负面影响。

和孩子一同寻找解决问题的办法

有的父母在发现孩子犯错后，第一反应就是惩罚孩子。我是不赞同这样做的。我认为，我们应该把惩罚孩子的单一方式

转换成引导孩子面对错误，并且允许孩子大胆说出自己的想法和观点，然后尝试着自己去承担责任，解决问题，这也是孩子成长过程中的一大进步。

有一次，我儿子在楼下广场踢球时，不小心把球踢到了一楼邻居家的窗户上，把人家的玻璃打碎了。我知道后，并没有直接批评他，而是让他自己想个合理的方法解决。他一开始很紧张，怕我批评他，但发现我并没有这样做后，就赶紧主动跑到邻居家，跟人家道歉，并且表示会用自己的压岁钱为邻居换一块新玻璃。做完这些后，他又回来找我帮忙，让我帮他联系一个换玻璃的人，并跟随工人一起去给邻居家换好了玻璃。

整个过程我几乎没怎么参与，他就很好地解决了这个问题，弥补了错误，同时也认识到，以后踢球不能在小区里踢了。

如果孩子年幼，无法承担起犯错造成的后果，我们也可以和孩子一起协商，共同寻找解决问题的办法，这样既能培养孩子独立思考的能力，还能增进亲子关系。

真诚地肯定孩子的微小成就

美国著名教育家丽塔·皮尔逊曾以一场热情洋溢的演讲震

撼全场。

在演讲中，她说："我给孩子们出了20道题，有一个孩子写错了18道，但我在他的试卷上写了一个'+2'和一个大大的笑脸。孩子拿到自己的试卷后，感到很疑惑，就过来问我，为什么自己明明不及格，我却给了他一个笑脸？我告诉他：'因为你渐入佳境。你没有全错，还做对了两道题。''−18'会让人感觉很绝望，而'+2'却意味着没那么糟。"

如果我们每一位父母都能这样看待孩子的错误，接受他们的不足，并肯定他们微小的成就，那将是对孩子最大的鼓励。就如波兰作家显克微支说的那样：如果每个孩子都能有一只"温柔的手"引导着他们前进，而不是用脚去踢他们的胸脯，那么，教育就能更好地完成自己的使命。

掌控感带来行动力，把掌控权还给孩子

心理学上有个概念，叫作"习得性无助"，它是由积极心理学之父马丁·塞利格曼提出来的，指的是当人们在一件事上付出多次努力却反复失败后，就会形成行为与结果无关的概念，继而产生一种无助的感觉。此后即使他有能力做出改变时，也不愿意再去尝试了。

孩子的成长也是如此。如果孩子被父母管束得太严格，无法对自己的行为和结果进行掌控时，他就会感觉缺少主动权，慢慢地，他的很多行为也就不自觉地停止或拖延了。所以你会发现，很多孩子在学习或做事时，经常会磨磨蹭蹭、拖拖拉拉。哪怕父母多次催促，孩子做事的速度都不见加快，也不会变得

更自觉。

有的父母可能会说："我也想培养孩子的自主能力，让孩子可以自觉地学习和做事呀！可一看到孩子磨磨蹭蹭地边玩边写，字还写得歪歪扭扭的，就忍不住想催他、吼他！"

我想问一下这类父母："你的催促、吼叫起到有效作用了吗？"

事实情况是，当时的催促、吼叫可能会让孩子加快了速度，但很快你会发现，当你停止催促时，孩子仍然会拖拉、磨蹭，没有自主性。这就形成了"培养自主"与"催促监督"之间的矛盾，你认为孩子不自觉，才会去"催促"，可结果你越催，他越不自觉，这就形成了一个恶性循环。

那么，这个恶性循环的问题出在哪里呢？

就出在"催促监督"是通过外力去促进孩子的某些行为，而"自主"则是孩子由内而发，自己想要做出某些行为。如果你想减少这种外力催促，增加孩子的自主性，就要让孩子从"要我做"变成"我要做"，自己掌控自己，这样孩子才能产生有效的行动力。

有的父母会说，孩子尚未成年，从思想到经济都没有独立，他们怎么能掌控自己呢？我们才是他们的监护人，我们应该对孩子负责呀！

这个道理没错，但自己拥有掌控权这件事，并不会因为年龄小就不能有。而且，掌控权也不是说所有事情都由孩子自己决定，父母完全放任不管。对于年幼的孩子来说，他们的大脑中负责自我监督和情绪管理的前额叶皮质尚未发育完全，自控力较差，尤其面对一些枯燥的学习和任务时，确实很难自主完成。所以，我在这里所说的掌控权，是让孩子获得对自己生活的掌控感，即：我能把自己的事情安排好，能自己想办法克服困难，达成目标，取得成功。

当然，如果你现在发现孩子已经出现了拖拉、磨蹭，做事缺乏自主性等问题，想要马上让孩子改变是不太可能的。我建议你尝试一下下面的方法，循序渐进地帮助孩子形成对自己的掌控感，促进孩子主动做事的积极性。

与孩子一起确定共同的目标

当我们希望孩子认真写作业，而孩子却想要玩时，我们与孩子的目标似乎是背道而驰的。但是，如果我们耐心地跟孩子沟通一下，发现二者期望的方向是一致的：既能高效地完成作业，又能愉快地玩耍。

所以，这时我们就可以跟孩子商量："你很想开开心心地玩一会儿，然后再写作业，对不对？"得到孩子的肯定后，我们可以继续把我们的担忧和想法告诉孩子，比如："妈妈也想让你先开心地玩一会儿，但妈妈有些担心，怕你玩得太兴奋，写作业时容易走神，这怎么办呢？"

在大多数情况下，当妈妈说出这些话时，孩子都会向妈妈保证，自己玩一会儿后一定会认真写作业。这时，你就达到了调动孩子主动性的第一步，接下来再进入第二步。

把决定权交给孩子

当孩子说自己一定会认真写作业时，这一点很重要，接下来，你就可以将他从外力催促向内力驱动进行转化。你可以问孩子："那你打算玩多长时间？玩完之后，你有什么好办法能让自己尽快进入学习状态吗？"

到这里，孩子就开始主动思考了：我要玩多久呢？我怎么才能在玩完后，比较快速地写完作业呢？如果孩子经过考虑后，说出了自己的方法，你可以继续与他讨论。

通常来说，当一个人在处理自己做出决定的事情时，会更具有主动性和积极性。所以对于孩子来说，当他觉得这个办法是自己想出来时，他坚持执行计划的主动性和积极性也会大大提高。

调整自己的预期，给予孩子积极的关注

孩子自己做出决定的方案是否有效呢？到这一步，我们基本就可以判断出来了，其结果无非就是三种：大部分可以完成、完成一半、大部分无法完成。但不管是哪一种结果，都是一种正常现象。这就要求我们一定要事先调整好自己的预期，既不要对孩子抱太高的期望，也不要完全不抱希望。要知道，在激发孩子内驱力、养成孩子自主性的初期，最重要的不是孩子必须完成任务，而是尽可能地激发孩子进一步行动的内在动力。

所以，当你和孩子沟通完成后，接下来就要给予孩子积极的关注，尤其是多关注孩子表现好的地方，哪怕是微小的进步。

比如，孩子玩够时间后，真的自己去写作业了；或者孩子在写作业过程中，比之前更加专注了。这些都是孩子表现积极的地方，对此，我们要直接告诉孩子："今天时间一到，你都没用妈妈提醒，就自己主动去写作业了，真棒！""你今天写作业比昨天更认真、更投入了，进步很大哦！"

随着这些经验的慢慢积累，孩子内心中就会越来越感受到自己掌控自己的快乐和自豪感，下一次自主学习或做事的动力也会更强。

当然，孩子可能还有很多表现不足的地方，不用着急，之后你可以慢慢地与他讨论，并不断调整计划。孩子得到你的支持和正向反馈越多，他们的积极性就越高，内驱力表现得也越强。这要比你不断地催促他去做事、学习，对于孩子的成长来说更有意义。就像清华大学社科院心理学研究中心副主任赵昱鲲说的那样：在培养孩子过程中，父母最重要的事不是让孩子取得成功，而是让孩子努力活出自己的人生意愿。为了孩子暂时的成绩或表现而损害他们长期的动力，会得不偿失甚至后患无穷的。

第三章

提升学习力，帮孩子成为 20 年后最厉害的人

　　著名的未来学家埃德加·沙因说："未来的文盲不再是不认识字的人，而是没有学会怎样学习的人。"教育是要面向一个不可确定的未来，尤其是人工智能时代的到来，很多现在看起来有用的知识和技能，未来可能根本派不上用场。在这种情况下，让孩子保有长期的学习能力才是最重要的。想让孩子未来具备出色的学习力，我们现在就要激发孩子的学习兴趣，让孩子养成自觉、自愿学习的习惯。这样，孩子未来才能掌握更多的技能，获得更强的竞争力。

孩子缺乏学习力，我们错在了哪里

这两年由于疫情原因，孩子们经常要在家里上网课，有时还需要父母辅导，这让很多父母叫苦不迭。孩子在学习时，一会儿要喝水，一会儿要上厕所，一会儿要削铅笔……在座位上根本坐不住，学习效果自然也不好。可是，一说起玩耍娱乐，孩子却会非常专注、认真，简直就不知道什么是累！

为什么孩子在面对学习和娱乐时的状态截然相反？

原因就在于孩子没有形成良好的自主学习能力。孩子天性爱玩爱闹，对世界充满了好奇，渴望探索和发现更多未知的东西。在他们还是个小婴儿的时候，就喜欢靠眼睛、手和嘴巴来探索周围的世界，这里看看，那里摸摸，甚至要把每样东西塞到嘴里"品尝"一下。再大一些，他们还喜欢研究锅碗瓢盆，帮妈妈"做家务"，帮爸爸"修"东西。继续长大，他们又开始喜欢听儿歌、看图画书、自己涂鸦……这些都是孩子在不断学习和探索未知的过程。

但是，为什么孩子后来就不愿意学习了呢？

在我看来，孩子不愿意学习，缺乏学习力，并不是他们不想学习，而是父母错误的教育方式破坏了他们的学习兴趣和积极性。比如，下面几种父母最常见的做法，就很容易影响孩子的学习积极性。

搞错了游戏和学习的顺序

如果我问你："你认为对于孩子来说，游戏和学习哪个更重要？"

我相信，很多父母的回答都是"学习比游戏更重要"。

但是，对于成长中的孩子来说，他们往往都是在各种游戏和探索当中学习的。尤其是学龄前的孩子，玩耍和游戏就是他们每一天的主要任务。在这个过程中，如果父母善于通过玩耍和游戏来引导孩子学习各种知识，反而比强迫孩子学习认字、写字更能培养他们的学习兴趣和学习能力。

我儿子在 3 岁左右的时候，我教他认数字。不过，我并没有一个个地指着数字教他认读，而是利用舒尔特表格来教他认识和记忆。刚开始时，我先画下 9 个方格，在里面分别写上数字 1~9，让他按顺序来认读。等他熟练之后，我再增加到 16

个格子，写下 16 个数字，让他认读。后来他大一些后，我又用这种方法教他认汉字。

这个方法既简单又有趣，孩子每次看到我画格子写数字或汉字时，都会兴致勃勃地参与进来。每次指认出来后，他也会特别兴奋，有时还跃跃欲试地要自己在格子里写字，让我来认。

很多父母会发现，孩子对笔、书本、图案的兴趣，要远远在那些单纯的数字和汉字之上。想让孩子以后对数字、汉字、书写等感兴趣，就要先让孩子酝酿兴趣。而对于年幼的孩子来说，玩耍和游戏就是最好的酝酿兴趣的方式。从小酝酿的兴趣越浓厚，孩子长大后对各种知识的探索和学习的欲望就越强，学习能力也越强。

相反，如果父母过早地按照自己的喜好去要求孩子学习，甚至牺牲掉孩子游戏玩耍的时间，给孩子安排各种学习任务，生怕孩子"输在起跑线"上。有些父母还会把自己的孩子认了多少字、会背多少首诗、会做多少道数学题当成是一种教育的成功。这些行为不但不利于孩子学习能力的培养，还会限制孩子的想象力和创造力，破坏孩子的学习兴趣。

忽略孩子的内心需求

我经常听一些父母跟我"吐槽"，说自己的孩子在学校总是捣乱，学习不认真、不专注，这让他们十分苦恼，问我有没有什么"好办法"，帮助孩子改改这些毛病。

我在跟这些父母沟通，了解到他们教育孩子的方式后，发现在很多孩子的小时候，父母对他们的关注度都是不够的。比如说，孩子经常会提问爸爸妈妈一些天马行空的问题，如果父母忽视、敷衍孩子的这些问题，孩子就会感到很失落，不仅会因此而逐渐失去继续学习和探索的兴趣，还会为了引起父母的关注，故意做出一些捣乱行为。很多父母不懂孩子内心的真实需求，看到孩子不听话，就认为孩子有问题，对孩子更加挑剔和指责，结果孩子的学习状况就陷入了恶性循环。

错误的引导和教育方式

对于大一些的孩子来说，他们的学习能力比较差，缺乏学习主动性，我觉得很大一部分原因是父母经常打着"爱孩子""为孩子好"的名义，对孩子实施错误的指引和教育，一点点地抹杀了孩子的学习兴趣。

比如，有些父母喜欢替孩子安排学习，为孩子制订各种学习目标，哪怕孩子坚持不下去了，父母仍然要求孩子"再坚持一下"，因为"别的孩子都是这样学的，你也可以"。这就会让孩子很痛苦。一旦孩子没学好，可能还会遭到父母的批评。久而久之，孩子就会对学习越来越反感。

除了以上几点外，孩子缺乏目标和计划、缺乏成就感等，也都会影响学习能力的培养。而事实上，激发孩子的学习兴趣才是让孩子爱上学习的第一步。美国著名心理学家安吉拉·达克沃斯就曾用一句话总结了学习中兴趣的重要性："兴趣开始之初，游戏先于努力。让孩子在生发兴趣的时候，用轻松、快乐、新奇的状态进入学习，是比强迫孩子努力练习，不断纠正孩子的错误更重要、更优化的方法。"如果父母忽略这一关键点，强行用自己认为正确的方法来培养孩子，最终只会让孩子对学习越来越不感兴趣。

加入游戏元素，学习就像游戏一样上瘾

很多人觉得玩游戏很容易，其实想把游戏真正玩好并不是一件容易的事，有时甚至要重复很多枯燥的步骤。但是，如果是玩家主动选择的游戏，并且能够享受其中，那么即使游戏过程是重复的、枯燥的，也能点燃玩家大脑中的快乐烟花。简·麦戈尼格尔在《游戏改变世界》一书中指出：瞬时的积极反馈会让玩家更努力、更成功地完成艰巨的挑战。如果把我们本来就喜欢的事情变成游戏，那么我们就可以把它做得更好。

游戏本来就是孩子的一种学习方式，从很小的时候起，孩子玩拼图、随手涂鸦、唱儿歌等，都是通过游戏在学习和探索外界的知识。这就提醒我们，如果我们能在孩子的学习中加入游戏元素，是不是就可以让孩子的学习力获得提升呢？

在这方面，我个人在教育孩子过程中是有过很多尝试和体验的。

将游戏融入孩子的学习当中

我儿子在读一年级时，不喜欢写数学题，说里面的数字算来算去太累、太无聊了。我觉得孩子的这种学习状态不太好，如果不及时纠正，很可能会影响他以后对数学的正常学习。

有一天，他放学后又坐在桌前皱着眉头写数学题，我看了看他的作业，是几道加减法的数学题。于是，我就对他说："要不我们玩个纸牌游戏吧，你用纸牌来计算作业中的习题，怎么样？"

他一听立刻来了兴趣，马上把纸牌拿过来。我让他从纸牌中找出题目中对应的数字，再把纸牌组合在一起，数一数纸牌上的点数。比如，题目是5+4，就先找出纸牌5与纸牌4，然后把两张纸牌放在一起，数出两张纸牌上的总点数9，就得出结果了。

因为是以游戏的形式来完成作业的，他的积极性特别高。作业完成后，他还和我用纸牌进行了其他的组合，如将纸牌5与纸牌6组合，得出的点数为11，这样他就知道5+6=11；将纸牌7与纸牌8组合，得出的点数为15，结果就是7+8=15。

在那段时间，他学习数学的积极性非常高，写数学作业也不像之前那么愁眉苦脸了。

当我们单纯地用监督、看管的方式强迫孩子学习时，学习就是一项不得不完成的枯燥乏味的任务，孩子的感觉就是被动的、受束缚的，难以形成由内而发的主动性。而当孩子以"玩游戏"的状态去学习时，学习过程才会变得快乐、轻松，孩子也会将自己的思想和专注力完全融入其中，体现出极大的主动性和积极性，并且乐此不疲。

著名人本主义心理学家卡尔·罗杰斯一直致力于如何"以

孩子为中心"，让孩子实现有意义的自主学习研究。他认为，学习的过程"并不是将无助的个体牢牢地绑在椅子上，再向他们的脑子里塞满那些没有实际用途的、得不到结果，并且很快就会被忘记的东西"，相反，真正的学习是让孩子"在源源不断的好奇心和兴趣驱使下，不知疲倦地吸收自己看到、听到、读到的一切有意义的东西"。

也许在很多父母看来，游戏并不是什么"有意义、有价值的东西"，但当我们把游戏与孩子的学习动力联系起来，它就变成了一件非常有意义、有价值的事。如果我们能在孩子的学习中适当加入游戏元素，你会发现，孩子对待学习简直就像对待游戏一样上瘾。

善于运用游戏中的"奖励原则"

曾经有一位网络游戏设计者、同时也是一位爸爸的人说："在游戏中如何引导玩家，与教育孩子的问题是没有本质区别的。"

在游戏中，怎样引导玩家继续玩下去，是存在一定"套路"的。比如，玩家每天只要一打开游戏，登录后就能领取奖品；如果连续登录一周，还会有额外赠送的礼包，或者会累积积分；当积分达到一定数额后，又能兑换装备或其他礼品等。

就是这样的"套路"，让无数玩家深陷其中。当玩家玩游戏成习惯后，游戏设计者的初衷——让玩家上瘾的目的也就达到了。

如果我们把这套"套路"应用到孩子的学习上，能不能让孩子像玩游戏一样，也爱上学习呢？

我认为是可以的，其中一个比较有效的方法，就是善于运用游戏中的那一套"奖励原则"。也就是说，当孩子完成一个目标后，我们就给予孩子相应的奖励，并且一定是那种能马上兑现的奖励。比如，孩子写作业拖拉，我们就可以和孩子约定，如果孩子能在规定时间内写完作业，就奖励他 15~20 分钟看电视或玩游戏的时间。也可以根据孩子的喜好，给予其他奖励。

曾经有一位家长跟我说，她在督促孩子学习时，跟孩子一起用硬纸板自制了一种小卡片。她和孩子把这个卡片称为"代币"，并且在"代币"上写上大小不同的分值，如"5 分""10 分""20 分""100 分"等。

她告诉我，如果孩子每天能在规定时间内完成学习任务，就能根据完成任务的多少、完成情况的好坏，获得一定的"代币"奖励。当然，如果这天孩子的学习任务没完成，或者完成得不好，就会扣掉一定的"代币"，或奖励较少的"代币"。

当孩子获得的"代币"达到一定数量后，孩子就可以用"代币"分值换取自己想要的零食、玩具或活动。运用这种办法，孩子的学习积极性一直很强。

在游戏中，每次打败一个怪兽、获得一次升级，或获得一次奖励，都能让人产生短暂而强烈的愉悦感和成就感。在学习中，如果孩子在完成一个小目标后就能获得一次小小的奖励，同样能体会到这种愉悦感和成就感。

我认为，我们也可以借鉴游戏中的这些玩法，把它们应用到孩子的学习当中，让孩子把完成每一个目标都当成是一次游戏中的升级打怪，当成是在闯过游戏中的关卡。期间再适当配以奖励和强化，相信孩子的学习动力会越来越强。

自主的"感觉"促发孩子的学习动力

现在，很多孩子的学习状态基本都是：每天放学后，按老师要求写作业。而随着年级的升高，孩子的家庭作业也越来越多。有些孩子还报了课外兴趣班，比如弹钢琴、学游泳、学下棋等。这就导致孩子每天的学习比成年人上班都要忙。要想把这些学习项目都较好地完成，孩子就要有科学严密的学习计划，并且能高效地按照计划实施。

说起学习计划，不少父母可能会说：我们也给孩子制订了计划，比如每天什么时候写作业，每周要完成哪些学习内容等。有的父母甚至会把孩子的计划细分到每一天、每一个小时，然后要求孩子按照计划去做。

我认为这样的计划是存在很大问题的，其中最大的问题，就是孩子感觉自己一直在被父母强迫着学习，因而对学习缺乏动力和兴趣。

每个人都希望做事时能自己做主，按照自己的意愿和方法采取行动。当我们的自主性被剥夺后，不管是学习还是工作，都会感觉很无聊。孩子同样如此，虽然父母给他们制订的计划可能更科学。但从孩子的角度来说，这就相当于被爸爸妈妈强迫着做事，结果也导致很多孩子讨厌学习，学习能力不强。

那么问题来了，如果让孩子自己做计划，那些原本学习能力不强的孩子，会不会更加不学习，去玩游戏、看漫画、玩手机呢？

确实，让孩子自己制订计划，是孩子具备学习力之后才能做的事情。在孩子缺乏学习力或学习力不强时，让他们自己做计划，无疑会让问题更严重。作为父母，我们不可能允许孩子只玩耍而不学习。这时该怎么办呢？

一般来说，我给父母们提出的建议是这样的：

让孩子产生自我选择和决定的"感觉"

耶鲁大学心理学家戴安娜·科尔德巴和斯坦福大学心理学家马克·兰博曾经做过一个实验，目的是观察孩子在做选择时的感受。

实验者选了72名小学四年级的孩子，让他们玩一款科幻主题的计算机数学游戏。其中，有一部分孩子可以自己来命名游戏中宇宙飞船的名字，还可以自由地选择自己的头像；另一部分孩子的宇宙飞船的名字和头像则由计算机预先设定好，不能自行命名和选择。

结果发现，那些能自由选择飞船名称和头像的孩子，对游戏的兴趣更大，甚至愿意放弃休息时间来玩游戏。相反，那些无法自由选择的孩子，虽然一开始也能兴致勃勃地投入游戏，但一旦遭遇失败，就会失去兴趣，甚至把失败原因归罪到游戏上面，而不是自身。

更关键的在于，实验者在游戏后马上对孩子们进行了一次数学测试，结果显示，那部分在游戏中有自由选择权的孩子，成绩也要更高一些。

这个游戏提醒我们，就算孩子选择的对象与学习内容并没有直接关系，只要让他们产生自由选择的"感觉"，就能极大地满足他们自主性，从而提高学习动力，在学习中表现更突出。

我平时在跟我儿子相处过程中，也深刻地体会到了这一点。比如，在写作业时，我会让他自己选择什么时候写、要写多久，而不是我要求他必须什么时候写、写多久。即使这样一点点自主的"感觉"，他都会很高兴，每次写作业反倒不会拖拖拉拉的。在制订学习计划时，我也会让他积极参与，提出自己的意见，如果比较合理，我都会采纳，这也增强了他实施计划的积极性。

让孩子自己来决定"该怎么做"

有些父母在孩子学习时，总是对孩子指手画脚："你应该先写语文，再写数学。""你背单词时这样背不行！""你读书时应该声音大一些！"……结果，孩子不但不一定按照父母的要求去做，还会产生逆反情绪，学习兴趣也会大大降低。

　　实际上，这时父母应该尽量淡出孩子的视线，让孩子自己决定该怎么做。在孩子遇到困难，或者主观上有向父母求助的意愿时，父母再适当发挥帮助和引导作用，在不干涉孩子自主性的前提下，潜移默化地引导孩子该怎样去做。

　　我儿子现在比较喜欢读书和写读书笔记，几乎每周都会写一到两篇读书笔记。其实他一开始并没有这个习惯，只是有一次我买回来一个很精致的笔记本，他看到之后，非常喜欢，就跟我要走了这个笔记本，说自己会用它来写日记或读书笔记。我听后，就对他说，我再去买一本笔记本，跟他一起读书和写笔记。孩子一听，积极性更高了。后来他还真在读完一篇好故事或一本好书后，尝试在这个笔记本上写一些东西，慢慢就养成了习惯。

除此之外，让孩子自主选择书籍、文具等，也能让孩子产生一定的学习热情。比如，有的孩子在写不同作业时会选择不同颜色的笔，虽然只是一个小动作，但却能让孩子的自主性获得满足。这就像我们大人买一部新手机、新电脑时，迫不及待地想要使用一样。

总而言之，学习中"要做什么""什么时间做""做多少""该怎么做"……很多可以让孩子自己做选择和决定的事情，我建议都尽量让孩子自己来做，以此来激发孩子的学习积极性。孩子的学习是由主动学习和被动学习构成的。良好的教育应该是让孩子养成主动学习的行为习惯，让孩子意识到学习是一件能够促使自己成长，并让自己感到快乐和满足的事情，而不是为了达到父母的要求和满足父母的期望。很多孩子之所以缺乏学习热情，并不是他们不想学，而是父母没有激发起他们的学习热情和自主意识。当父母能用恰当的方法来引导孩子，让孩子对学习能"自己做主"时，孩子就会慢慢把学习当成是自己的事情了。

记忆力强，学习动力才强

记忆力对于孩子的学习有多重要？

可以说，记忆力是一个人应该具备的基本学习技能，我们需要通过记忆力来掌握一些基础性知识。不论是现在还是未来，我们对知识的一切灵活运用和创新创造，都是以此为前提的。这就像我们平时跟孩子打的比方，学习如同建造一栋高楼，如果没有打好地基，建起来的高楼就不坚固，需要经常修修补补，甚至还可能会倒塌。没有一个程序员会一边写程序，一边翻阅计算机基础；也没有一个翻译官会一边翻译外文，一边查阅外语词典；更没有一个科学家一边做科研，一边查阅物理定义或化学元素周期表……只有基础知识牢固了，孩子未来才能把更多精力用于更高级的创造性学习和工作中。但没有很好的记忆能力，其他能力也很难更好地发展。

对于现在正处于学习阶段的孩子来说，良好的记忆力不但能提高他们的学习效率和学习能力，还能减轻学习负担。很多父母应该都会发现，自己的孩子在记东西时经常抓耳挠腮，急得满脸通红。有时明明前一天已经背下来的课文、单词，第二天再提问时，又背得磕磕巴巴。孩子越记不住，心里越急；越急，就越记不住。这就像陷入了一个死循环。

那么，怎样帮助孩子解开这个死循环呢？

我们可以回想一下，孩子平时记忆什么内容最快、最牢固？相信不少父母都很有"共鸣"：要么是孩子喜欢的游戏中的内容，要么是孩子喜欢的球星、歌星的资料，要么是孩子喜欢的书里的内容……孩子们一说起这些内容简直如数家珍，记得又准确又牢固。

为什么孩子能记住这些？因为这些都是他们喜欢的东西。因为喜欢，才会专注；因为专注，才能记住。这就是一个良性循环。

在我儿子的班里，有一位喜欢历史的小男生，有时会跟我儿子来我家里玩。每次我跟他聊天，他都会不知不觉地把话题转移到历史上面，一说起这方面的知识简直是滔滔不绝，有些知识甚至连我都不太了解。

有一次，我很好奇地问他："你的历史知识这么丰富，平时都是怎么记住的？"他告诉我说："我很喜欢看这方面的书，有时也看一些电视节目，我感觉记住这些很容易呀！只要看到跟历史有关的东西，我就挪不开眼睛，根本不需要费什么力气就把知识记住了。"

在自己感兴趣的事情上专注并能够记住，这是人的天性。所以，要想让孩子增强记忆力，就要先激发他的兴趣，培养他对学习的专注力。当孩子对学习感兴趣、能专注时，再去记忆一些知识就变得容易了。

当然，好的记忆力往往也需要后天培养。如果我们能帮助孩子尽早找到一些记忆技巧，将有效的记忆方法贯穿到孩子的学习当中，那么孩子学习就会更加轻松、更加高效。

用"注意力 + 记忆力"趣味游戏引导孩子记忆

注意力是一个人心理活动的重要组成部分，没有注意力的参与，任何活动都无法维持和进行。持久、集中的注意力既是孩子现在学习和记忆的基础，也是孩子在未来的学习和工作中不可或缺的一种能力。

我在训练我儿子的记忆力时，曾经和他玩过一个"一周注意力 + 记忆力"游戏。具体做法是：和孩子约定好，在一周七天的时间里，每天规定一个游戏名称和任务。比如，第一天叫"过目不忘"，内容是选一个句子，让孩子快速浏览几遍，尽量在 10 秒钟内记住；第二天叫"猜谜游戏"，可以在扑克牌或一堆字卡中选择 3~5 张，让孩子尽量在 10 秒之内记住，并准确地说出上面的数字或汉字；第三天叫"速记图形"，可以在纸上画几个图形，让孩子快速浏览一下，然后在规定时间内把图形按顺序准确地说出来……以此类推，每天和孩子玩这个小游戏。为激励孩子，我们也可以用特殊符号记录下孩子在游戏中的专注程度。

当然，一开始玩时，孩子的注意力可能不集中，记忆效果不理想。这也没关系，多玩几次，在不断的尝试过程中，孩子的兴趣和心力慢慢就会集中在这件事上，不知不觉注意力和记忆力就培养起来了。

利用思维导图帮助孩子增强记忆

思维导图被认为是"世界上最好用的记忆方法"，适用于各个年龄段的孩子学习和运用。说白了，思维导图法就是图像记忆。人的大脑不仅能大量识别各种图像中的信息，对其记忆的准确率还很高，这就能帮助孩子记忆和存储大量的知识。

在教孩子运用思维导图时，我们首先要引导孩子找出需要记忆内容的中心主题，再围绕这个主题延伸出分支，每条分支上写一个关键词，从这个关键词再继续延伸，就像美丽的树杈一样。

比如，当孩子要记忆关于"李白"的诗词时，就可以把"李白"作为一个中心主题，再以他的主要诗词题目为分支向外延伸，一边延伸，一边记忆（如下图所示）。

《越中览古》
《清平调》
《客中行》

《古朗月行》
《夜宿山寺》
《静夜思》

《赠汪伦》
《黄鹤楼送孟浩然之广陵》
《送友人》
《赤壁歌送别》

五言　七言　送别

李　白

山水　写景　思乡

《秋下荆门》
《独坐敬亭山》
《上三峡》

《静夜思》
《关山月》
《郢门秋怀》

《早发白帝城》
《望天门山》
《望庐山瀑布》

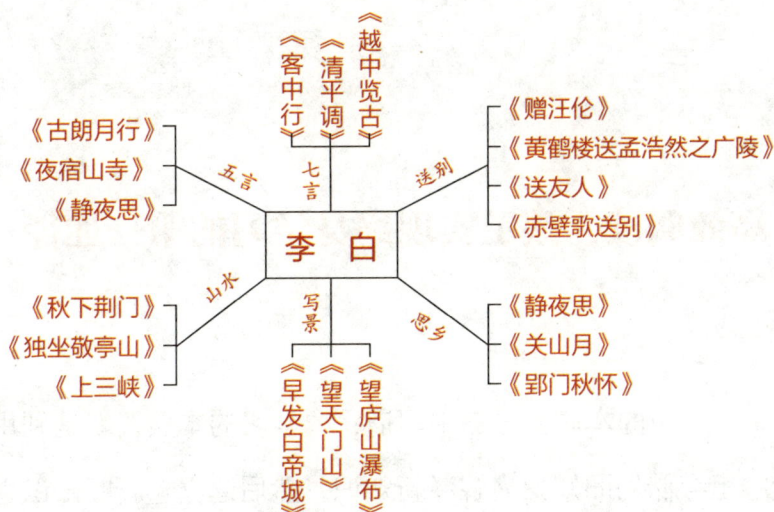

　　这种方法既简洁又有趣，可以有效帮助孩子掌握所学知识点之间的联系。尤其在孩子学完一个单元的知识，或是一个学期结束后，学了很多内容，有些内容理不清头绪时，就可以运用思维导图记忆法把所学内容按照章、节、知识点的脉络画出来，让孩子对着图形进行记忆，效果会很不错。

　　除了以上两种方法外，我们也可以和孩子一起探索其他记忆方法，只要孩子喜欢，记忆有效率，都可以尝试。其实每个孩子的记忆力都是可以开发的，而好的方法往往比天赋更重要。与其每天喋喋不休地责备孩子"怎么还记不住""你都是怎么学的"，不如遵循孩子的年龄、个性特点，积极寻找提升孩子记忆力的方法。当孩子的记忆力提升后，他们也会从中获得成就感，学习积极性也会不断提高。

高效阅读，孩子实现终身学习的第一途径

《学习的本质》一书中写道："学习的本质，就是利用大脑里存储的旧知识来解释新知识，然后建立起新旧知识之间联系的过程。大脑中储备的早期知识是影响一个人未来学习的关键。"

要让大脑不断地储备知识、更新知识，阅读就是最有效的途径之一。在孩子的成长和学习过程中，虽然我们不能盲目地追求分数、追求升学率，但缺乏阅读能力确实会影响孩子的学习效率，就像前苏联教育家苏霍姆林斯基说的那样："一个不阅读的孩子，就是一个学习上潜在的差生。"可见阅读的重要性。

与阅读能力较差的孩子相比，能够高效阅读的孩子不但接收知识、理解知识的能力更强，记忆知识和运用知识的能力也要强于其他孩子。

我曾在电视上看过一档名为《少年读书会》的节目，其中

有个男孩，给我留下了深刻的印象。在节目中，他展现了自己超强的语言能力、良好的口才能力与人际沟通能力，并且他还曾作为优秀少年代表向国外大使教授中国文化。不仅如此，他还是一枚妥妥的"学霸"。而令他这样出色的秘诀之一，就是阅读。

在节目结束后的访谈阶段，主持人问他："你感觉自己读过的那些书，对你的学习，对你认知世界，有什么帮助吗？"

他的回答是："……我阅读了历史书籍，就会对历史感兴趣，为什么国家的朝廷从西迁到东，从北迁到南，这个国家就会灭亡？这是个历史问题。为什么北方总有游牧民族打过来？这就牵涉到地理因素。朝廷为什么要南迁或东迁呢？这就牵涉到政治因素，可能牵涉到很多人的政治核心利益，弄清楚这个问题，对学习政治又有帮助。所以，知识是融会贯通的。哪怕只是单纯地读历史方面的书籍，除了增加对语言和思想的敏感性外，对于语文、史地政的学习都大有帮助。"

我在看到这段访谈时，心里十分感慨，这个孩子真的抓住了学习的精髓。如果孩子能在学习中做到举一反三、触类旁通，那么他就能克服学习中的各类问题，学习也会变得轻松、快乐。更重要的是，阅读过程也是在培养孩子的专注力、思考力和观察力, 同时也是激发孩子创新能力的前提。今天, 我们可能很难准确地说出 20 年后社会职业发展的具体状态, 但一个有能力面向未来的孩子, 必然需要具备以上这些优秀的能力或素质。

你也许会问, 那要怎样才能帮助孩子提升阅读能力呢? 难道就是给孩子买几本书, 让孩子自己去读吗? 孩子的学业每天那么繁忙, 还能有时间阅读吗?

其实让孩子阅读并没有那么难, 但要注意引导孩子的方式方法。方法对了, 一切就都对了。结合我多年的教育经验, 我给大家介绍几种经过实践检验的、真正有效的方法。

父母是最好的导读老师

虽然我们希望孩子能养成自主阅读的习惯, 但孩子一开始可能很难实现自主阅读, 这就需要父母花费一定的时间和精力来指导孩子进行阅读。

在孩子比较小的时候, 我们可以经常给孩子读绘本; 孩子稍大些后, 就给他们读稍长一些的故事, 激发孩子的兴趣。在给孩子读故事的过程中, 我们也可以运用一些比较有诱惑力的语言, 让孩子知道这本书多有趣、多好玩, 把孩子的注意力吸引到书上, 给孩子带来愉悦的享受。对于其中孩子不理解的内容, 我们要耐心解释, 同时积极引导孩子思考书中的内容, 或者和孩子一起分享阅读感受，激发孩子参与的积极性。

帮助孩子优化阅读方法

很多孩子自己也喜欢阅读，但在阅读时，不管是课本还是课外书，往往拿起来就从头读到尾，结果经常记不住重点，对书里面的内容也比较模糊。这时，我们应该积极地指导孩子，告诉孩子哪些书只需要略读一遍即可，哪些书需要认真阅读，慢慢消化和吸收。

在这里，我给家长提供几个从易到难的优化阅读方法和建议：

首先，我们要引导孩子学会基础阅读，尤其是低年龄段的孩子。比如，一二年级的孩子能做到看图识字、造句，就说明达到了基础阅读的水平。

其次，对稍大一些的孩子，可以引导他们在阅读时学会自己查阅相关资料，对阅读内容进行分析、理解。

此外，如果孩子平时阅读的书籍较多，也可以鼓励他们围绕一个专题进行系统化阅读，并在阅读过程中提炼自己的阅读心得。

不要将阅读与电子产品对立起来

有些家长一听说让孩子阅读，马上就要求孩子完全戒掉电视、平板等电子产品，认为这样孩子才能安心阅读。

我不赞同这种做法，因为这除了激起孩子的反抗、叛逆心之外，可能于阅读并没有什么帮助。以我的经验来看，把一些电子产品利用好，反而能与阅读相互促进。当然，前提是我们要把控好孩子阅读和使用电子产品的时间比例，以及孩子所接触电子产品中的内容等。

我儿子在读小学三年级时，已经能认识很多字了，所以我就想让他试着阅读纯文字的书籍。有一天，我在书店翻阅《彼得·潘》这本书时，感觉很好，就买了下来。

回到家后，我把这本书交给他，告诉他说："妈妈看到一本特别好的书，推荐给你看看。"

他拿起来翻了翻，发现里面全是文字，就皱着眉说："这都是文字，没有图片，我什么时候才能看完啊！"

果然，第二天他就把书递给我，说自己实在看不下去，不知道里面都讲了些什么。我忽然想起来，这本书是有同名电影的，如果先让他看一遍电影，也许就能理解书里的内容了。于是，周末我就在网上找到了这部电影，陪他一起看，结果他一下子就被吸引住了，看完后还跟我分析里面的人物。这时，我又推荐他去看书，他竟然高兴地答应了。

　　善于利用电子产品，不但不会影响孩子学习，反而还能为孩子带来帮助。尤其是其中的一些内容很好的影视作品，鼓励孩子看一看，对他们可以产生一定的教育意义。如果这些影片有对应的书籍，我们都可以鼓励孩子耐心地坐下来读一读，加深对其中内容的理解，同时对提高孩子的阅读能力和阅读兴趣也大有帮助。

出色的数学能力，让孩子在未来成功逆袭

　　阿里巴巴集团创始人马云曾经说："数学应该成为年轻人的基础，就像运动、音乐和绘画一样。如果数学基础坚实，人

类就会坚实。"

在马云看来，未来社会的核心领域，如信息技术、人工智能、数据科技、物联网等，都与数学紧密相关。具备出色的数学能力，孩子在未来社会的生存竞争中就会处于优势地位。换句话说，数学学得好的孩子，在处理问题时往往更有逻辑、有条理、有方法，因而未来也能更加有效地掌控自己的生活和工作。

一说起数学能力，不少父母首先想到的就是奥数或如何满足升学要求，但我认为，孩子的数学能力好坏并不体现在应试教育上，而是更多地体现在他们未来自身的大脑思维上面。就像一位数学教育家说的那样："学生在学校里所学的数学知识，毕业后如果没机会用，不到一两年就忘掉了。但不管他们从事何种工作，唯有深深铭刻在头脑中的数学精神、数学思维方法、研究方法、推理方法等，却在时时刻刻地发挥作用，让他们终身受益。"

说到这，很多父母可能不理解："孩子不都是在学校里学习数学吗？那我的孩子数学学得不好怎么办？是不是未来就失去竞争力了？"

其实也没这么绝对。孩子要学好数学，具备数学思维，不在于每次在数学考试中考了多少分、考了第几名，关键在于让孩子对数学产生兴趣。但是，很多孩子在学习数学时都找不到兴趣点，认为数学要背公式、原理，要经常刷题，很枯燥。相比之下，语文、英语等语言类学科学起来更有趣。父母也找不到更好的办法来提升孩子对数学的兴趣，为了让孩子学好数学，只能逼着孩子每天大量地刷题，或者把孩子送到补习班学习，结果反而让孩子对数学产生了反感情绪。

在这种情况下，我们该怎样帮助孩子建立对数学的兴趣，提升孩子的数学能力呢？

从小培养孩子的数学思维

数学思维主要包括抽象思维、概率思维、优化思维等。在日常生活中，我们经常都需要运用到这些数学思维。如果能从小培养孩子对生活中数学问题的理解能力，和孩子讨论一些数学问题，就能慢慢帮助孩子建立起数学思维。

在我儿子四五岁的时候，每次我带他出去买东西时，都会跟他讨论一下买东西花了多少钱。比如，我们一起去买零食时，我就会趁机问他："你看，妈妈买了5包饼干，如果你和爸妈妈每人吃一包，还剩下几包呢？"或者："今天妈妈买苹果花了8块钱，买香蕉花了6块钱，你来算算，妈妈一共花了多少钱？哪种水果更便宜？"

这时，我并不着急让他算出答案，或者他算错了也没关系，因为重要的是让孩子参与其中。当然，如果他回答对了，我也会马上给予他肯定和表扬，让孩子获得参与数学问题的成就感。

数学思维并不是简单地让孩子学几个数字，或者算几道算术题这么简单，而是一种运用数学观点去思考问题和解决问题的思维能力。如果我们经常在生活中引导孩子慢慢学习和理解各种数理知识，如人的年龄问题、车速问题、重量问题等，未来这些就会转化为孩子思考和解答应用题的能力。

用游戏激发孩子学习数学的兴趣

孩子的世界离不开游戏，游戏是孩子最喜欢也最能接受的学习方式之一。在生活中，如果我们把对数学的学习融入孩子的游戏当中，孩子不知不觉就对数学产生了兴趣。

比如说，小孩子都喜欢玩过家家的游戏，我们就可以在和孩子玩这个游戏时，向孩子提一些问题，如："我要给娃娃去盛饭了，你来看看，这两只碗哪个能给娃娃盛更多的饭呢？""我想给娃娃建个房子，搭建一个房子要用到几块积木呢？""娃娃的家里共有 3 只母鸡，每只母鸡下了 2 个鸡蛋，你知道母鸡一共下了几个鸡蛋吗？"……

再比如，在教孩子学习认识人民币时，我们就可以拿出家里各种面额的纸币、硬币，和孩子玩"做买卖"的游戏。在"你买我卖"的过程中，让孩子学会认识各种币值，并且学会计算。

一开始，我们可以只"买"一件，让孩子尝试"找零"。等孩子熟悉后，再多"买"几件，增大所用钱币的额度，鼓励孩子算出总钱数。多锻炼几次，孩子就能从具体的感知思维上升到逻辑思维。

也可以再交换角色，让孩子来"买"，我们来"卖"，然后我们假装算错钱数，让孩子指出来，再让孩子帮忙算算，看看到底要付多少钱。这样更有乐趣，孩子也会从中体会到小小的成就感。

为了锻炼孩子的运算能力，我们也可以给孩子出一些难度较大的题目。如：我的手里有 100 元、50 元、20 元、10 元、5 元、2 元、1 元、5 角、2 角、1 角的人民币多张，现在我想买 163.4 元钱的东西，有几种付款方式呢？

一开始孩子会直接把钱凑够，这时我们可以启发孩子一下：如果我付给你 170 元，你要找给我多少钱呢？这样孩子就会明白：除了直接凑够钱数外，还可以付整数，让对方找零。如此一来，孩子的数学思维又得到了进一步的拓展。

数学原本就是逻辑思维、抽象思维和形象思维的有机结合，孩子刚刚接触时，难免会觉得枯燥、没意思，所以在辅导孩子学习时，我们就要多让孩子动手，引导孩子动脑，慢慢激发孩子对数学的兴趣。兴趣是学习最大的动力，只要孩子对数学产生了兴趣，慢慢深入数学世界，你还担心孩子学不好数学吗？

第四章

锻炼思辨力，孩子的未来会有更多可能

在这个综合能力和素养越来越受到重视的社会，孩子应该坚持自我，敢于质疑，具有强大的思辨能力，能够从多个角度去思考问题和寻找解决问题的方法，未来才会更有竞争力。就像电影《教父》中的那句话："花半秒钟时间就能看透世界本质的人，与花一辈子时间都看不清事物本质的人相比，注定会有截然不同的命运。"孩子想在未来脱颖而出，就要具备对事物进行独立分析、思考和评测，以及解决问题的综合能力，从而掌握更多应对问题的方法。

巧用思维游戏，引导孩子灵活思考

我相信很多家长都遇到过这样的情况：随着孩子年龄的增长，知识面的扩大，他们会逐渐提出各种各样的问题，并且涉及面很广，有些甚至让人一时无从回答。面对这么多的"是什么""为什么""怎么办"，父母到底应该怎么办呢？

一般来说，父母的态度有三种，一是婉言拒绝，如："你还小，等你长大后，读的书多了，自然就懂了。"第二种是粗暴制止，如："小孩子问那么多干吗？""不懂不要乱问！"第三种是谆谆引导，鼓励孩子积极思考，如："我这样解释你明白了吗？""你有没有不同的想法？说说看。"

显然，父母的第三种态度是正确的，不仅回答了孩子的提问，满足了孩子的求知欲，还不断启发孩子提出问题，鼓励孩子积极思考。

除此之外，为了让孩子更加灵活地思考，父母也可以巧用一些游戏来锻炼孩子的思维能力。

曾经有一位爸爸跟我分享了他和女儿之间的一个小游戏。一直以来，他每天晚上都会给女儿讲睡前故事，在女儿4岁左右时，有一天他突发奇想，让女儿临时想几个词语，然后他在一定时间内用这些词语编一个故事，再讲出来。

比如，女儿临时想的几个关键词是河水、小狗、汽车、苹果，他就根据这几个词来编出个小故事。后来女儿大一些时，就由他来说词语，让女儿用这些词语编故事。

通过这种有趣的方法，他女儿的发散思维和创意能力越来越强，编的小故事特别有逻辑性。

这位爸爸的做法真的令我拍案叫绝，这也是我为什么会推崇思维游戏的原因，就因为它能够很好地激发孩子的想象力、创造力和发散思维，促使孩子更加灵活地思考。

经常有些父母跟我说，让孩子好好思考太难了，其实那是因为他们没有掌握有效的方法和技巧。如果利用好一些思维游戏，孩子在不知不觉中就进入到思考状态了。

鼓励孩子多做"情景假设"

上文的案例，就是"情景假设"的一种，通过把关键词语联系起来，鼓励孩子假设出一种或几种情景。除此之外，我们也可以通过问问题的方式，跟孩子一起做一些情景假设。比如问一下孩子："如果你今天回来，妈妈没有做午饭，你会怎么办？""如果你写作业时，家里停电了，怎么办？"这类"如果……怎么办"的句式，都能很好地促进孩子思考。

我经常会跟孩子玩这类游戏，有时我还会做一些游戏卡片，让孩子从中抽一两张，然后设想出现卡片中的场景后该怎么办。

比如有一次，孩子想去吃披萨，我就带他去吃。路上，我们就玩了一次"情景假设"，我问他："假如我们去的这家披萨店里，刚好你喜欢吃的那一款海鲜披萨卖完了，你会怎么办？"

孩子想了一会儿，说："有一款牛柳披萨也不错，如果海鲜的卖完了，我也可以选择牛柳披萨。"

我又问他："如果今天刚好没做牛柳披萨，你还会选择其他口味的吗？"

儿子又想了想，说："那就不吃了。"

这时，比较好的方式不是对他说"你不能不吃"，而是进一步问他："如果不吃披萨，你会饿吧？那你打算怎么办？"……

这种方式就是在引导孩子去思考我们每天面对问题时的更多种情况，帮助孩子一点点打开思维。

尝试利用玩具来"制造场景"

我们也可以把上面"情景假设"的游戏再延伸一些，用一些玩具来刻意"制造场景"，引导孩子思考。

比如，在跟孩子玩游戏时，可以随手拿起身边的一个玩具，问他："假如明天你要去野餐，必须带上这个玩具，你觉得它能起到什么作用？""如果明天我们一起去放风筝，这个玩具能发挥什么作用？""在玩某个游戏时，你的哪些玩具还可以加入其中？"……

这种方法就可以促使孩子打破玩具制造商原本设定的那些玩具的玩法和用途，帮助孩子开启新的思路。

给孩子提供更为灵活的多选题

在跟孩子玩思维游戏时，尽管我们会积极引导孩子，但很多时候，孩子的答案并不是我们所设想的。也就是说，孩子的想法有时跟我们的期望不一样。

这时，有的父母就会急于去纠正孩子的想法或做法。我认为大可不必，即使孩子的想法或做法可能不太恰当，甚至是错误的，但只要不是原则性的错误，不妨让孩子大胆设想和尝试一下。我们可以多为孩子提供一些更为灵活的题目或选项，然后和孩子一一展开讨论，互相交流思想。

有一段时间，我儿子特别想养一条小狗，在经过考察后，最后决定养一只小泰迪。但我们去了几次宠物店，他都没有选到心仪的小狗，所以变得很沮丧。

这时，我就给他提供了几个选项，如：很生气，朝宠物店主发脾气；继续等，直到宠物店里有符合他期望的小狗；放弃养泰迪，换另一个品种的小狗，或者养其他宠物，如小猫、小乌龟等；彻底放弃，不养任何宠物。

我跟孩子就这几个选项进行了沟通和讨论，最后孩子认真思考后决定，还是选择继续等待，直到找到他喜欢的小泰迪。

你会发现，我提出的这些选项已经涉及多个角度了，而当我与孩子讨论之后，孩子的思路就会逐渐打开，从多个角度去主动思考。不论最后他做出哪种决定，都对所面临的问题有了清晰的认识和有效的解决方案。

逻辑思维决定孩子未来发展

有不少家长跟我沟通时抱怨说：自己的孩子不知道怎么回事，一道题目明明已经给他讲了好几遍，孩子也表示听懂了，可稍微一改变，就又不会做了；想跟孩子沟通，却发现孩子表达能力很差，不知道父母表达的是什么意思，自己的想法又说不出来；做事经常丢三落四，没有规划……

如果你的孩子也有类似的表现，那么你就要注意了，这样的孩子很可能是缺乏逻辑思维能力。

什么是逻辑思维呢？

我举个简单的例子，假如桌子上有一盘水果，现在家里来了几个客人，你让孩子把盘里的水果分给客人，孩子一般会怎么分？

　　要解决这个问题，孩子就要具备一定的逻辑思维。首先，孩子要在"客人"和"水果"之间建立联系。接着，要思考如何分水果，才会更合理，比如可以利用"对应的概念"，直接"判断"结果，给每个人分一个水果；或者根据客人的不同年龄、喜好等信息，进一步推理，找出更加符合实际情况的分配方法。

　　这个通过对事物的理解、判断和推理来建立事物联系的过程，就是逻辑思维过程。在这个过程中，孩子需要先对事物进行理解，继而才有判断和推理，最终寻找到问题的详细解决方案。

　　具有逻辑思维的孩子，不但在学习中更容易接受知识、理解知识，思考问题也会更加全面、有条理，并且判断和决策能力也更好。在未来的生活和工作中，他们也能快速厘清处理问题的思路，找到解决问题的关键和有效方法，使问题迎刃而解。

　　既然逻辑思维这么重要，我们平时该怎样培养和发展孩子的逻辑思维呢？

　　我认为，下面三种方法对锻炼孩子的逻辑思维具有一定的帮助。

充分利用日常生活与孩子沟通

在日常生活中，我们可以利用各种机会与孩子进行沟通交流。比如，孩子在吃水果时，就会对所吃的水果形成直观印象，这时我们就可以有意地引导孩子观察水果的形状、颜色，描述水果的口感等。这样，孩子就可以把这些特点与自己所吃的水果联系起来，逐渐找到这种事物的本质特征。以后再遇到这种水果，他们也能通过自己的记忆快速判断出某种水果的特性。

再比如，你和孩子在路上看到一只小狗，你指着小狗说："小狗是一种很忠诚的动物。"孩子听到后，即使以前不喜欢小狗，此时对小狗的理解、评价也会产生一定的改变。

这些都会构建孩子逻辑思维的基础，帮助孩子更加全面地理解事物与事物之间的关联。

与孩子的日常交流要有逻辑

有一位妈妈曾跟我聊起她女儿的学习情况，说她女儿每次做阅读理解题都会出错。如果题目要求概括中心思想，哪怕短文中有很明显的中心句子，只要略微归纳一下即可，她也答不出来。有时她跟孩子一起阅读完课文后，问孩子"课文中主要讲了一件什么事"，孩子就会露出畏难情绪，即使再反复读几遍，也还弄不明白。她问我，这是怎么回事？

　　我在跟她沟通过程中，发现她说话就比较缺乏逻辑性，一件事东一句西一句说半天，有时把我都说糊涂了。我马上就明白了，为什么她的女儿在学习时归纳概括能力会不强，原因就在于她的交流方式必然会直接影响孩子的逻辑思维。孩子在妈妈的影响下，逻辑思维处于混乱状态，自然就会不可避免地出现缺乏条理、不会分析、概括能力差等情况。

　　学习是离不开思维能力的，如果逻辑思维能力差，归纳总结时就会感到困难。这就提醒我们，平时在跟孩子说话沟通时，一定要有逻辑性，比如夏天在外面玩时，可以告诉孩子："因为天气很热，所以你要多喝水，预防中暑。"再如第二天一早要赶飞机，可以对孩子说："因为航班很早，所以我们要早些起床；因为需要早起，所以今天晚上要早睡。"这样逻辑清晰地与孩子说话，要比你直接告诉孩子喝水、早睡更容易让他接受。哪怕孩子一开始理解不了其中的因果关系，经过长期的潜移默化后，他也会慢慢思考事物之间的关联，使逻辑思维能力逐渐提高。

用讲故事的方式锻炼孩子的逻辑思维

讲故事是训练孩子逻辑思维的一种非常有效的方式，因为一个故事开始之后，情节发展都是一环接着一环的。孩子要讲好故事，就要不断梳理事件发生的起因、经过、结果，修正自己的逻辑思维，填补故事中的漏洞，从而让故事听起来更加合理。这不但能增加孩子的语言词汇量，还能促使孩子养成积极思考的习惯，让孩子对自己所讲的故事有更深刻的理解，讲述时要有逻辑性。

讲故事的形式可以多种多样，比如在周末时举行家庭故事会，和孩子一起讲故事；或在平时与孩子玩游戏时，规定输掉的一方要讲个小故事作为惩罚等。有时孩子讲的故事可能天马行空，想象力十分丰富，这时要积极给予孩子鼓励和表扬。但是，如果孩子讲的故事逻辑混乱，前言不搭后语时，我们也要适当提出质疑，帮助孩子梳理思路，让孩子更快地发现问题，更高效地建立故事思维。这种思维不但能在讲故事时用到，在孩子以后的生活和工作中同样可以用到。

总而言之，思维能力的差距，往往就是孩子未来的差距。具备强大的逻辑思维能力，虽然不一定能让孩子的未来一马平川，但至少能让孩子无论是身处顺境还是逆境，都可以理智而清晰地分析问题、表达自己，为自己赢得更多的机会和掌声。

观察、思考、参与，培养孩子的科学思维

在生活中，许多孩子时不时地会冒出一些"鬼点子"，或是怀着一些天马行空、不切实际的想法。有的父母对此不予理会，有的父母则忙着"纠正"孩子："不要说傻话！""不要做这些不切实际的梦！"殊不知，这样做很可能会扼杀孩子的科学思维。

科学思维的本质，是善于发现事物之间的因果关系，这不仅能让孩子更好地理解世界，还能对面对的问题进行判断、分析和推理。有的父母认为，只有科学家才需要科学思维，其实

不然，任何人、任何职业都需要具备这种思维。比如，销售人员有个单子没完成，他就要思考一下为什么会这样；技术人员有个技术总也学不会，他就要好好想想问题出在了哪里；甚至到银行存钱、理财，都要认真分析一下怎么做收益最高。这些都需要科学思维。

在国际学生能力测试中，有一项测试专门提到了科学素养。该测试认为，不管是在当今时代，还是在未来社会，生活中都会时刻充斥着各种观点，这就需要每个人都必须"像个科学家一样思考"，也就是要具备科学思维。

所以，作为父母，我们应该在孩子很小时就树立这样一个观念：培养孩子的科学思维，比孩子学到多少知识、考多少分数更重要。如果只记住了很多知识，却不理解其中的关系，孩子大脑中的认知示意图就是不完整的。就像你只知道一堆地名，却不知道怎样从一个地方走到另一个地方一样。反之，只有掌握了构建认知示意图的方法，学会画地图，才能找到最佳的行进路线，这就是具备了科学思维。孩子的科学思维能力越强，就越善于发现信息或事物之间的因果关系，也就能更好地认识和了解世界，并能够整合以后的信息，设计出更先进的认知路径，构建出更强大的认知联系。这些就是孩子未来创造能力的源泉。

不过，说起"科学"两个字，很多父母可能觉得培养孩子的科学思维很难、很费脑筋，自己根本做不来。其实不然，只要我们在日常生活中多引导孩子观察、思考、分析，多与孩子交流互动，而不是让孩子对知识死记硬背，都可以从一定程度上提升孩子的科学思维能力。

引导孩子对周围的环境和事物认真观察

美国著名物理学家理查德·费曼曾经被《物理世界》杂志评为有史以来十位最伟大的物理学家之一。他回忆说，自己对科学的兴趣就来自于父亲的启发。

费曼曾讲过一个故事，说自己小时候和一个男孩一起玩时，忽然看到一只样子很有趣的小鸟。男孩就问费曼："你知道这只鸟的名字吗？"费曼摇摇头。男孩就嘲笑他说："难道你爸爸没有教你吗？这叫褐喉画眉呀！"

而费曼的回答是："我爸爸当然教过我，不过我爸爸是让我观察这只鸟，他告诉我：'哪怕你知道了这只鸟在全世界语言里的所有名字，你仍然对它一无所知。你应该观察这只鸟，看它都会干什么，这才是最重要的！'"

显然，与男孩的爸爸告诉男孩这只鸟的名字相比，费曼爸爸的做法更值得肯定，因为他是在引导费曼学习观察、理解和思考，而不是让费曼简单地记住一只鸟的名字。费曼的科学思维能力，就是这样一点点培养出来的。

我们在培养孩子时，也应该鼓励和引导孩子多观察大自然和生活中的各种现象和事物，比如观察各种动物是怎样进食的、各种花朵不同的颜色、各种天气现象的变化、各种色彩的差异等等。这个过程不但可以增长孩子的知识，同时还能提升孩子的观察能力、探索能力、动手能力等，让孩子学会用辩证的思维来看待和了解世界。

鼓励孩子积极思考，探索事物的本质

有些父母认为，孩子只有从书本上学到知识，才算是真正的学习。实际上，让孩子通过认真观察和积极思考后获得的知识，往往比书本上学到的知识更深刻，孩子也记得更牢固。

我儿子在上一年级时，有一天忽然问我："妈妈，为什么所有东西都会向下掉呢？"

我当时没有直接告诉他，这是因为"万有引力"，我认为这个词对于他这么大的孩子来说并没有什么意义。于是，我就反问他一个问题："你这么说好像不对，因为也有些东西是不向下掉的，比如地球。那你知道它是向哪里掉的吗？"

在此之前，我曾经给儿子讲过一些天文知识，他知道地球

是围绕太阳运转的，所以就回答说："对，地球不向下掉，它绕着太阳转动。"

我接着说："没错。其实我们看到的那些东西向下掉，跟地球绕着太阳转的道理是一样的，那你知道是为什么吗？"

这个问题一下子就把他的兴趣调动起来了，然后我再给他讲其中的原理，他就听得特别认真，理解起来也更容易。但如果我一开始就告诉他是因为"万有引力"，他不理解这个概念，也就无法真正弄清楚东西为什么会向下掉。

孩子有了好奇心，就会产生思考，有思考才有进步。这要比孩子学会多少专业知识、掌握多少实际的技能更有意义。前耶鲁大学校长、著名教育家理查德·莱文曾说：如果一个学生从耶鲁大学毕业后，居然拥有了某种很专业的知识和技能，这是耶鲁教育最大的失败。他认为，大学应该培养学生批判性独立思考的能力，并为终身学习打下基础。而孩子的科学思维就是通过不断观察和独立思考慢慢建立起来的。

在这个过程中，孩子仍然会不断产生新的问题，这时，我建议父母同样不要急着把答案告诉他们，而是尽量引导他们积极去思考和探索。学科学，学的就是一种思维方式，这种思维方式一旦养成，会让孩子受益终生。

鼓励孩子动手参与，自己寻找问题的答案

"纸上得来终觉浅，绝知此事要躬行。"在培养孩子的科学思维时，一定要多为孩子提供条件，鼓励他们自己动手去参与和实践那些感兴趣的事情，亲自验证自己的假设猜想。这不仅能培养孩子的动手能力，更重要的是，孩子在实践过程中，可以真切地体会到用什么材料、什么方法，采取哪些步骤，最终得出什么样的结论。这样他们获得的知识和领悟才更深刻，从而逐步地养成科学思维模式。

当然，在自己动手实践过程中，孩子也可能会偏离正确的

路线，或者犯下很多错误。这时，我建议你不要急于把孩子拉回正轨，或帮助他们改正错误，而是给他们一些时间和空间，允许他们自由地探究、试错，并引导他们对这个过程进行记录和反思。必要时，我们甚至可以和孩子一起反思，一起查阅资料，探究问题的真相。这个过程越详细、越认真，孩子收获的就越多，思维也会越敏捷。

敢于质疑，比知道标准答案更重要

我曾在一本书上看到这样一件事：

在美国一所学校里，有一天，一位老师带着一只红色的、精致的小包走进教室。孩子们都很好奇，没等老师说话，他们就凑过来问老师："这是什么呀？"老师没有回答，而是直接打开包，把里面的东西展现在孩子们面前……

第一个看到的孩子大声喊道："啊，是蚯蚓！"说完竟然还凑上去闻闻；后面有的孩子拿来一根小棍子，轻轻地捅捅蚯蚓；还有的孩子伸出手指逗逗蚯蚓。

这时，一个孩子突然问道："老师，蚯蚓是干什么用的？"老师没有回答，而是把目光看向其他孩子，示意大家来说说看。一个孩子大声回答："吃！"又一个孩子说："可以做火车头，带路！"更有孩子说："可以用来解剖。"……

作为父母，当你听到孩子的这些回答，会不会觉得他们的答案很荒唐？是不是想要纠正他们？

我们总觉得，自己的答案才是科学的、正确的，孩子的某些想法和做法很幼稚，或者根本就是错的，所以在听到孩子的一些"荒唐"问题和答案时，总想要纠正孩子，把自己认为的标准答案告诉孩子。殊不知，在孩子的天性中，有一种求知的欲望，他们的大脑中藏着无数个"为什么"，想了解世界本来的面目，提问和质疑就是他们思考和探索的重要途径之一。而教育的真正目的，就是鼓励孩子不断地提出问题、思考问题、解决问题。问题是孩子思维的起点，也是孩子好奇心和主动学习意愿的体现。

所以，我建议父母不但不应该打击孩子质疑的积极性，反而还要鼓励孩子敢于质疑，让孩子开动大脑，积极思考，锻炼思维能力。

允许孩子对问题有自己的想法

孩子就是个移动的"十万个为什么"，总是有各种各样的问题产生。而比起告诉孩子标准答案，我更在意是否能引导孩子去思考和研究，能否大胆地说出自己的想法。要知道，生活中很多事情本来就没有标准答案，而且科学当中的很多命题，至今也仍然没人能给出标准答案，我们不希望孩子从年幼就被束缚在看似完美的"标准答案"中。很多时候，孩子自己的答案往往比"标准答案"更加合情合理，因为那是孩子处于他的年龄段对问题特有的思维和理解。

所以，我们要允许和鼓励孩子对问题有自己的想法，并且给他们创造机会，让他们去思考。思考多了，对一些事情自然就形成了自己的理解。对于孩子给出的答案，不论对错，不论是否合理，我们也不要进行过多的评论，更不要摆出一副高高在上的"裁判"姿态，对孩子的答案进行评判。我们应该成为孩子的伙伴，参与到他对问题的探究之中，鼓励他大胆地说出自己的想法，帮助他认真分析和验证。如此一来，孩子的思维才会越来越活跃。

和孩子玩一些发散性思维游戏

为了拓展孩子的思维，我们可以经常和孩子玩一些能够发散思维的游戏，启发孩子多去质疑和积极思考。

我儿子现在读小学四年级，他们的语文作业经常会有看图作文。每次他准备写看图作文前，我都会先和他根据课文上的图片讨论一番，从不同的角度来讲述图片中的故事，如这个故事是怎么开始的、过程是怎样的、走向了什么样的结果、有没有其他可能发生等。

　　在这个过程中，我还会鼓励他多根据图片提出疑问，思考事情发展的多种可能性，让他展开天马行空的思考，完成几个匪夷所思的故事。最后，再让他从中选择一个自己最喜欢的写下来。

这个过程就能很好地启发孩子敢于质疑的能力，不会形成僵化思维，让孩子透过现象看到更深层的本质，以及养成从多个角度看待问题的能力。

"纵容"孩子的"抬杠"行为

有些父母发现，孩子经常会就一个问题"抬杠"，比如你对孩子说："这件事不能这样做，会有危险！"孩子可能就会说："有什么危险？我就想试一试，看看能把我怎么样！"

父母觉得这样的孩子不听话、很难带，其实，这些孩子之所以喜欢跟父母"抬杠"，是因为他们的大脑一直在飞速转动，所以面对一些问题时，也会不断萌生出新的问题，并且希望通过自己的尝试和实践找到答案。

对于这样的孩子，如果他们的行为不会给自己和他人带来危害，我建议你不妨适当"纵容"一下，对他们萌生出的质疑和探索精神给予支持和保护，并鼓励他们勇敢地尝试一下，自己去寻找问题的答案。

亚里士多德曾说："思维是从疑问和惊奇开始的。"我们常说希望孩子有创新精神，而当一个孩子敢于质疑的时候，其实就已经有了创新能力的可能。所以，请保护好孩子敢于质疑的勇气，鼓励孩子积极地去思考和探索，而不是敷衍孩子、拒绝孩子。

运用"3T原则"，鼓励孩子积极表达

从上幼儿园起，老师就在课堂上教孩子们要多多表达自己，并且会创造很多语言表达的机会给孩子。作为父母，如果我们在与孩子的日常交流中也加入更多引导，通过各种各样的问答、讨论、讲故事等方式，帮助孩子积极思考，准确表达自己的见解和判断，同样可以提升孩子的独立思考能力和语言表达能力，促使孩子通过简单事物间的对比探究，不断发展思辨能力和解决问题的能力。这样的孩子长大后，就会拥有多层次思考和解决问题的能力，在学业和工作中更加得心应手。

美国当代哲学家马修·李普曼曾经指出：思辨的核心在于对话。这里所说的"对话"，既包括口头上的语言表达，还包括让孩子通过思考形成自己的观点，并且能找到证明观点的理论，同时还要学会对别人的观点进行判断。

在法国的一所幼儿园里，老师经常会给孩子们出一道议题，鼓励孩子参与讨论。比如，有一个经典的议题是："什么是人类？人类和动物有什么分别？"

当老师提出这个问题后，孩子们便开始发表各自的意见，比如有的孩子说："人类是两条腿走路，动物是四条腿走路。"有的孩子立刻反驳道："鸡也是两条腿走路呀！"另一个孩子说："动物会吃人！"马上又有孩子反驳道："我们人类吃的动物更多！"……

经过一轮讨论后，老师继续提出问题："人类会做什么？不会做什么？动物都会做什么？"孩子们再次展开讨论，如有的孩子说："人会在床上睡觉，动物在笼子里睡觉。"这时又有孩子说："是人类把动物关到笼子里的。"……

当大家都发表过意见后，老师再对孩子们的思路和意见进行归纳总结。

这种讨论和探索问题的方式特别好，不但能锻炼孩子的独立思考能力、语言表达能力、问题辨析能力等，还能让孩子对问题进行深入探究，扩展他们的思维。

当然，我们当前的教育很多时候可能难以达到这种水平，这就需要父母在孩子很小的时候，有意识地对孩子进行语言、思维方面的能力培养。美国芝加哥大学一位名叫达娜·萨斯金德的教授经过研究后发现，孩子在成长早期接受的语言数量越多，孩子日后的学习能力和思维能力也越强。为此，他还提出了父母平时与孩子沟通的"3T 原则"，即：共情关注、充分交流和轮流说话。

共情关注（Tune in）

这一原则的意思是说，在孩子很小的时候，孩子关注什么，父母就去关注什么，并且要对孩子的言行给予积极的回应，与孩子实现共情。

比如，当孩子正坐在地板上认真地搭积木时，妈妈端出一盘水果，叫孩子过来吃。但孩子此时正沉浸在他的积木世界当中，可能根本不会回应妈妈。这样妈妈就没有做到共情关注，也无法与孩子实现有效沟通。

但是，如果妈妈走过去，坐在孩子身边，看着孩子搭建，并且不时地与孩子交流一下搭建的方法、步骤等，那么孩子也会高兴地跟妈妈分享自己的想法和思路。

需要注意的是，这个方法的关键点不在于"教"，而是回应。也就是说，父母不要用自己的想法、规则等教孩子怎么做，而是认真倾听孩子的想法，鼓励孩子表达，你只需要回应就可以了，这样才能促进孩子更加积极地思考、热情地表达。

充分交流（Talk more）

有研究表明，孩子经常与父母对话、交流，在语言能力方面要远远高于那些不经常与父母对话的孩子。

不过，有些父母跟孩子对话时习惯用代词，比如："我们去那里吧！""你喜欢它吗？""这个太漂亮了！"……对于大一些的孩子，这样的表达没什么问题，但对于学龄前的孩子来说，由于他们理解能力有限，对一些指代不明的代词可能无法理解，这样的交流就是无效的。

所以，在跟孩子交流时，父母要尽量少说代词，尽量说具体事物，比如："我们去公园吧。""你喜欢这辆小汽车吗？""这件裙子太漂亮了！"……这种表达才会让孩子更容易理解和接受，并能够增加他们与你继续交流的兴趣。

轮流说话（Take turns）

这也是孩子语言能力发展过程中一个非常有效的方法。当然，要实现轮流说话，父母也要采取一点技巧，就是多向孩子提问，激发孩子的表达欲望。在提问过程中，为了促进孩子思考，锻炼孩子的表达能力，父母可以多问孩子一些"为什么""怎么办"等开放性问题，并且在提问后多给孩子一些思考时间，让孩子想象该怎样组织语言来回答。

在我儿子比较小的时候，有一次我带他去动物园，同行的还有一位朋友带着她的孩子。路上，朋友就问她的孩子：

"宝贝，你看兔子是不是很可爱？""哇，猴子蹦来蹦去的，是不是很好玩？""快看大象，鼻子是不是很长？"……朋友孩子的回答都很简单："是的。""好玩。""很长。"……合起来的回答长度，还不及他妈妈问一个问题的长度，孩子兴致也不高。

我在问我儿子时，就换了一个策略。我问他："宝贝，你在看什么动物？""你为什么喜欢长颈鹿？""你看猴子蹦来蹦去的，它为什么那么爱动呀？"……结果，孩子一开口就停不下来了，并且每个回答都不一样，有时还拉着朋友的孩子叽叽喳喳地说半天。

我觉得，朋友的提问方式不太符合孩子的心理需求，这种提问也叫作"封闭式提问"。孩子听到问题后，根本不用动脑筋思考，只需要回答"是"或"不是"就行了，因而在他心里也激不起多大的波澜。孩子被父母的问题带着走，就很难学会发散思维，也难以对问题深入思考。

而我提问我儿子的方式就属于"开放式提问"，可以帮助他主动接收信息，思考问题背后的原因，然后再把自己的想法用有逻辑的语言表达出来。这样的轮流说话，才更利于培养孩子的语言能力和思维能力。

提升孩子自己解决问题的能力

儿童发展心理学家乔治·斯派维克等人研究发现，那些从小善于自己解决问题的孩子，长大后不但更自信，做事的自主意识也更强，思维也更开阔。无论在学习还是在未来的工作中，他们都普遍比那些从小依赖他人的孩子更有优越性。

这一点不难理解。不论在任何时候，善于解决问题的孩子，遇到困难总能很好地克服，学习和人生自然也会越走越顺。就像一次演讲中所说的那样："很多父母经常教育孩子要听话，不要和别人吵架，可是孩子长大怎么可能不吵架呢？我们应该让孩子在矛盾和冲突中学会解决问题，这样将来才能面对问题。"

孩子在成长过程中总会不可避免地遇到各种问题，作为父母，我们既不能帮他们解决所有问题，也不可能让他们一味地逃避，那就要教会他们一些解决具体问题的方法。更重要的是，我们教会孩子如何通过独立思考，自己去解决各类突发性问题。这就像学跆拳道一样，如果就为了应付比赛，教练只要把一整套动作分解教给学员，学员掌握后基本就能达标进阶了，比赛得分也有具体的技巧。但是，当孩子在现实生活中需要动手自我保护时，之前学的那些得分技巧可能就只是花拳绣腿，毫无用处，能起到关键作用的还是那些可以应用于实战的跆拳道。

美国有一个叫戴恩的小男孩，曾经在9岁时改写了家乡使用了100多年的法律条文。

有一年冬天，戴恩所住的小镇下了一场大雪，戴恩很想玩打雪仗的游戏，但妈妈告诉他，在他们住的小镇上，扔雪球是违法的。

戴恩很苦恼，就央求妈妈帮助他。妈妈对他说："我是没办法改变法律的，但如果你实在想玩，就只能自己想办法了。"

　　在妈妈的引导下，戴恩左思右想，竟然真的想出了解决办法：他先是跟妈妈一起修改了法律条文上关于不能扔雪球的规定，然后真诚地给镇长写了一封信，表达了自己想玩打雪仗的想法；接着，他又找到自己的朋友和伙伴，一起在信上联合签名；最后，他又在小镇听证会上勇敢地陈述了自己的观点，以便获得镇上其他居民的支持。

　　最终，这个年仅 9 岁的小男孩真的修改了这条法律条文，成功地玩上了打雪仗游戏。

一般来说，三四岁的小孩子就能学着自己解决问题了，但因为能力有限，他们也会遇到很多一时解决不了的问题，这时，我们就要引导和启发孩子进行思考：我面对的问题是什么？要解决这个问题，我有哪些方法？这些方法我能否做到？哪一种方法的效果最好？……让孩子尝试从学习和生活问题入手，孩子才能更好地发散思维，寻找解决问题的合适方法。

我在多年的家庭教育研究工作中，也总结了一些自己的经验和方法。我认为要培养孩子解决问题的能力，父母应该从下面几点上多加努力。

以引导型思维鼓励孩子去解决问题

要培养孩子解决问题的能力，最关键的是父母要先转换思维方式，以引导型思维代替灌输式、填鸭式的教育方式，不要直接告诉孩子答案，而是多用问题来启发和引导孩子思考，帮助孩子学会提问。

比如，在夏天时，我们给孩子买冰棒吃，当冰棒刚从冰柜拿出来时是硬硬的，但不一会儿冰棒就开始融化。这时，我们就可以用问题引导孩子思考："你知道冰棒为什么是硬的吗？""如果我们把冰棒放在外面5分钟，会发生什么样的事？为什么会这样？""你想一想，冰棒是用什么东西做成的？"……

不管孩子怎样回答，或者回答得是否正确，我们都尽可能地鼓励和表扬孩子表达的勇气。如果孩子的回答是明显错误的，我们也可以和孩子一起去寻找正确答案。这就相当于一个训练的模式，当孩子习惯了这种方式后，以后再遇到问题，也会慢慢学会按照该方式进行自我提问、自我启发，继续认真思考，寻找问题的答案。

学会发现真实问题，并帮孩子正确定义它

爱因斯坦曾说："如果只给我1小时的时间拯救地球，我会花59分钟找准核心问题，然后用1分钟来解决它。"

这其实是告诉我们，当遇到问题时，眉毛胡子一把抓，或者围绕问题打转的做法都是不可取的，而是要学会发现问题的核心，找出问题的关键到底是什么。

比如有一天，我儿子放学回来后很不高兴，原来是在上课时跟同学说话被老师发现了，老师批评了他。

这时，很多父母的第一反应就是问孩子："为什么上课说话？有什么话不能在下课后说？上课就是学习时间，你这样怎么能听好课？老师批评你就对了！……"

你看，这就把重点放在了问题本身上，却忽略了怎样帮助孩子正确地定义问题。这样的结果，要么是孩子找借口敷衍父母，要么是再被父母批评一顿，闹得很不愉快，最终你也没弄清楚孩子为什么要在上课时说话这个实质问题。

此时最关键的，不是执着于"为什么"，而是耐心地问孩子："你是有什么问题要跟同学交流吗？"如果孩子回答了，那接下来就引导孩子自己想出一个解决问题的策略，比如让孩子想想：下次再遇到这种情况，该怎样做，才能既解决和同学之间的沟通问题，又不会影响听课。

用"头脑风暴"激励孩子提出更多方法

"头脑风暴"是由美国创造学家亚历克斯·奥斯本于1939年提出的一种激发创造性思维的方法。它的主要特征就是在一种紧张的心理氛围下，借助于高强度的思考，就某一个问题想出尽可能多的解决方案。

为了帮助孩子学会通过自行思考，找到解决问题的方法，我们平时可以经常跟孩子就一个问题进行头脑风暴。

比如，你们原本周末去郊游，但到周末这天却遇到了突发状况，如天气突然变坏、孩子作业没完成，或者是车子突然坏掉了等等。这时，我们就可以和孩子试一试，能否在 5 分钟内想出尽可能多的解决方法。5 分钟后，再和孩子一起讨论，快速地从中筛选出 1~2 个最佳方案。

经常这样与孩子进行商量、讨论，并激励孩子积极寻找解决问题的方法，不但能提升孩子解决问题的能力，还能锻炼孩子的逻辑思维能力。

当孩子养成习惯后，以后再遇到困难或问题时，就会自然而然地运用起这种熟悉的方式，从多个角度思考问题。只要孩子思考和解决的问题足够多，生存能力就会越来越强。孩子也只有懂得解决好自己人生中的各种繁杂事务，才能更好地掌握自己的人生。

第五章

增强抗逆力，让孩子成为更强大的自己

抗逆力是一种心理免疫力，是一个人面对生活逆境、创伤、悲剧、威胁及其他生活重压时的良好适应能力，可以帮助人们从困难中快速恢复过来。积极心理学研究表明：抗逆力高的孩子会更自信，性格更乐观，目标更坚定，意志力更坚强，未来也更容易成为一个积极、自信、乐观、向上的人。

不做"铲雪车式"父母，让孩子自己成长

大家都见过铲雪车吧？当天气下大雪时，开动铲雪车，车前面的雪铲都能把道路上的积雪清除干净。

现在有一类父母，就被称为"铲雪车式父母"。他们就像一辆铲雪车一样，事事都挡孩子面前，帮助孩子清除人生路上的种种障碍，希望通过这种方式让孩子少走"弯路"，顺利地度过一生，不会遇到挫折和失败。

但是，这类父母却没有想过，自己不可能为孩子"铲雪"一辈子，万一哪天"铲雪车"出了故障，或者干脆停工了，不能继续庇护孩子，这些从来没有独自面对过困难的孩子，该如何去面对人生的风雪呢？

父母的心情可以理解，但我也希望这些父母明白一点：未来是不可确定的，任何事情都充满了变数和随机性，尽管你现在竭尽全力地帮助孩子成长、成功，却未必能助力孩子更好地适应未来。儿童发展研究专家指出，孩子学会独立地解决问题，敢于冒险，能够克服挫折和困难，是一种至关重要的能力和素

质。心理学把这种能力称为是抗逆力。如果父母一直不让孩子自己经历挫折和失败，全天候地把孩子保护起来，孩子在成年后就很可能成长为一个无能式"巨婴"。这样的"巨婴"一旦离开"铲雪车式"的父母，根本无法独立生活和适应社会。

所以，我在跟家长们交流时，经常会跟他们说，千万不要做"铲雪车式"父母，你现在舍不得孩子受苦，孩子未来就可能受更多的苦。只有适当放开那双"铲雪"的手，允许孩子自己去经历一些失败、挫折和痛苦，孩子各方面的能力才会越来越强，才有可能发展成为未来的社会适应型人才。

把体验生活的机会还给孩子

斯坦福大学前教务长朱莉·利斯科特·海姆斯在《如何让孩子成年又成人》一书中写道："'铲雪车式'父母，思维是本末倒置的。实际上，他们最应该做的是让孩子为未来的道路做好准备，而不是自己为孩子准备好道路。"

如果父母什么都帮孩子安排好了，孩子就失去了独自探索和尝试的机会，也失去了很多试错和改正的机会，这就导致孩子的独立性、求知欲和创造性受到抑制，不利于未来的成长与发展。所以，我们应该把体验生活的机会还给孩子，孩子想自己吃饭，就让他独自拿起碗筷吃；孩子想自己穿衣服，就让他自己学着穿……只有把孩子当成一个独立的个体对待，给予孩子最大的尊重和信任，孩子才能获得真正的成长。

鼓励孩子自己解决难题

　　我在网上看到这样一个故事：一个大约四五岁的小男孩，在一座铁门旁边玩时，把头伸进了铁门的栏杆里，出不来了。这时，如果你是陪在男孩旁边的父母，会怎么做？

我相信很多父母看到后，马上就会过去帮忙。但是，站在男孩旁边的妈妈仔细看了看，发现孩子没有生命危险后，便蹲在孩子身边，对孩子说："妈妈就在你身边，别怕，现在想一想，你该怎么办？"

男孩一开始有些着急，但听到妈妈的话，就开始自己尝试把脑袋缩回来，可尝试了半天都不行。最后，他灵机一动，把身体向门里挤，竟然侧身从栏杆中间穿到对面去了。

看完这个小故事后，我很是感慨。假如当时男孩的妈妈直接去帮他，那么孩子可能毫无收获，但通过自己克服困难的经历，孩子至少学会了三点：第一，以后不能再随便钻这种缝隙了；第二，遇到困难要自己先想办法；第三，自己可以解决一定的困难。

很多时候，孩子不是没有能力面对困难，只是我们习惯了帮孩子解决，渐渐孩子就习惯等父母帮忙了，并且还会形成一种对孩子成长不利的现象：父母觉得，孩子没我的帮忙是不行的；而孩子觉得，没有父母的帮忙，我是不行的。结果就导致孩子越来越依赖，越来越软弱。

如果你希望孩子未来能够更好地适应未来，那么从现在起就要转变思维，先判断孩子面临的困难他自己能不能解决。如果确定孩子可以，就鼓励他自己去解决难题，我们只需要做他的"最强后援团"，在必要时给他一定的鼓励和建议就行了。

不轻易评价孩子的做法

我希望父母能给予孩子更多的尝试和体验的机会，但孩子毕竟年幼，很多事可能做不好，甚至会搞砸。这时，有些父母就开始了"教训"模式："跟你说了不行，非要做！现在搞得一团糟！""不让你这样做，不听话，看看现在……"

这些带有批评、指责、评价性质的话语，显然剥夺了孩子独立思考的时间和机会，很容易让孩子感到失落、伤心。

我儿子也有把事情搞砸的时候，但我从来不去批评、指责他做得不好、不对，而是先告诉他："现在事情有点糟糕，你先冷静一下，然后咱们一起来分析分析原因。"等他的情绪平复下来之后，我再引导他来找原因、找方法，看看如何解决眼前的问题。

你要知道，孩子在犯错或受挫之后，都是非常重要的学习机会，哪怕这个时间只有几分钟，也非常宝贵。因为孩子只有自己真实地体验过挫折、失败的感受，才能在生活中慢慢学会调整自己，掌握经验，获得更强的抗逆能力，为以后人生中可能遭遇的逆境做好心理准备和能力准备。

把握好延迟满足的"度"

很多家长跟我反映说，自己的孩子无论是游戏还是学习，都不允许自己失败，一旦输了游戏，或者学习被别人超过了，就觉得自己输了全世界一样。还有的家长说，自己家孩子拧不开瓶盖，就哭着摔瓶子；积木拼不上，就大喊大叫，把积木全都扔掉……实际上，孩子的这些行为都是经受不起挫折的表现，与父母的养育方式息息相关。

一般来说，对待挫折，很多父母容易走两个极端：一个极端是心疼自己的孩子，觉得孩子受到了莫大的委屈，千方百计地帮助孩子解决困难，甚至为了不让孩子遭受挫折，对孩子百依百顺，尽量减少不如意的事情；另一个极端是故意不满足孩子的正当要求，或故意为难孩子，人为地给孩子制造更多挫折，以为这样就能提高孩子的抗挫折能力。

前一种做法，容易令孩子丧失抗挫折的能力，心理承受能力也越来越差；后一种做法看似是在培养孩子的抗挫折能力，其实却会影响孩子的安全感，同样会令孩子害怕面对困难。

那么，父母要怎样对待孩子，才能既帮助孩子更好地面对挫折，又不至于陷入以上两种极端呢？

我先给大家讲一个心理学上的著名实验——延迟满足实验。

20世纪60年代，美国斯坦福大学心理学家沃尔特·米歇尔曾做过一个著名的实验，内容是随机选择几十个孩子，在他们每个人面前放一块糖，并告诉他们，糖是可以吃的，但如果他们能等待20分钟，就可以再得到一块糖。20分钟后，实验者发现，有一部分孩子无法等待，把糖吃掉了；另一部分孩子则坚持等到20分钟后，成功地拿到了第二块糖。

实验结束后，研究人员又继续追踪这些孩子20余年，结果发现，那些能够等待到最后、延迟满足的孩子，不但在遇到问题和困难能更好地控制自己的情绪，还能产生更强的抗逆能力，未来也能更好地适应社会。

很多父母看到这个实验后，认为对孩子延迟满足可以提升抗逆力，于是就开始对自己的孩子进行延迟满足训练。比如，当孩子看到一个玩具想买时，父母故意不给孩子买，任由孩子大哭大闹。过两天后，再给孩子买回来，却发现孩子似乎对这个玩具没什么兴趣了。当孩子表现好时，故意不表扬孩子，过一会儿再去表扬他，却发现孩子好像已经忘了刚才的事……这些父母还觉得，这样培养出来的孩子，以后应该能更好地对抗挫折，坦然地面对成败。

对于这种做法，我是不太认同的。生活中偶尔的几次延迟满足，也许不会对孩子产生什么影响，但事事如此、长期如此，就会令孩子丧失安全感，内心产生越来越多的压力、挫败和失望情绪。孩子会觉得自己不配拥有父母的重视、表扬和爱。当孩子逐渐长大，需要面对外界更加复杂的人和环境时，这种压力和挫败感就会越来越强。所以，不恰当的延迟满足训练不但不能让孩子的内心变得更强大，反而还会影响孩子的成长。

我认为，在培养孩子的抗挫折能力时，我们可以适当地对孩子实施延迟满足训练，但一定要考虑到孩子的理解能力和承受能力，以及孩子的要求和期望是否合理。具体实施时，我建议父母要做好下面两个准备：

建立健康的梯子型亲子关系

什么是梯子型亲子关系？

简单来说，就是指父母要像梯子一样，能够根据现实情境和孩子的能力，为孩子提供恰当的支持。孩子能自己做到的事情、能自己克服的困难，我们就延迟一下，暂且不要管，让他自己去做、去克服；孩子实在做不到的时候，我们再伸手帮帮他。

这样的关系是最健康、最舒适的，既能发挥父母的影响力，又能发挥孩子自己的优势，让孩子获得掌控感和成就感。有研究证实，那些优秀的孩子绝大多数都是梯子型亲子关系培养出来的，这样的孩子不仅学习成绩更好，未来也能表现出更好的社会适应力。

满足孩子的合理期望和要求

延迟满足并不是事事都刻意让孩子去等待，延迟满足孩子的需求，也不是一味地压制他们的欲望，更不是让孩子必须"经历风雨才能见彩虹"，而是让孩子学会在合适的时间和地点做合适的事。简单来说，就是培养孩子学会克服当前困境，力求获得长远利益的能力。

但是，如果孩子的期望和要求是合理的，而他自己又实现不了，需要你的帮助和支持，你却偏偏要延迟满足他，这就不是延迟满足教育，而是"绝望教育"。因为你在逼迫孩子接受一个可怕的现实：你的期望和要求注定是不能马上实现的。这就容易令孩子产生强烈的挫败感，甚至慢慢对生活失去信心，不敢再去追求那些自己想要的东西。

所以，如果孩子的期望和要求都是合情合理的，我们应该尽可能地帮助孩子和满足孩子，而不是刻意去延迟，否则只会增加孩子的负面情绪，让孩子的挫败感和失落感更加强烈。

总体来说，恰当地对孩子进行延迟满足，对孩子成长和抗挫折能力培养还是很有帮助的，但我们也必须把握好一个"度"，即让孩子形成这样一个感知：随着时间的累积，依靠自己的努力与必要的帮助，我的愿望是可以实现的，即使其中会遭受一些挫折也是正常的。

营造"抱持性"环境，提升孩子的心理韧性

我们经常会在网上看到孩子不堪重压而自残、自杀的新闻，越来越多的孩子会因为压力、挫折或失败走上极端。每一次看到这样的新闻，我都很心痛，但同时这些现象也给了我们更多的警醒：到底是我们教育孩子的方式有问题，还是孩子的心理承受能力太差？

我认为以上两个原因都是存在的。很多父母在养育孩子过程中，对孩子过于保护、溺爱，导致孩子心理承受能力太差。孩子小的时候遇到挫折，父母还能为其遮风挡雨，但人生毕竟很长，未来更远的路还是需要孩子单打独斗地去闯，到那个时候，如果遇到困难就崩溃、自杀，还怎么面对生活呢？

心理学上有一个概念，叫作"心理韧性"，简单来说，就是当一个人面对生活逆境、创伤、悲剧或其他重大压力时，能够良好地适应，并从中恢复过来的能力。现在的很多孩子，不能很好地面对挫折、处理压力，多是因为心理韧性太弱导致的。

每个孩子天生都具有一定的处理挫折和压力的能力，美国

儿科学会的研究表明，在 2~3 岁时，孩子抵抗挫折的心理韧性就已经逐渐形成了。如果这时父母能够适当地给予孩子引导和帮助，孩子的心理韧性就会进一步加强。

说到这，可能很多父母都想知道，我们该怎样帮助孩子，提升孩子的心理韧性呢？

这个问题让我想起了 2019 年大火的电影《哪吒之魔童降世》，那里面哪吒的父母就是教育孩子、培养孩子心理韧性的典范。

哪吒原本是魔珠转世，一出生就是个不折不扣的小魔王，到处搞破坏，不受人待见，所作所为都完全超出了小孩子顽皮的范畴。但是，李靖夫妇不但没有放弃他，还以自己的性命担保，一定会管好哪吒。他们在管教哪吒时，也没有采取粗暴的方式，而是告诉哪吒，他是灵珠转世，是来拯救世界的，给予了孩子极大的爱和包容。最终，哪吒不但没有被别人的流言蜚语击垮，还真的成了拯救陈塘关的英雄。

哪吒的父母给予他的充满了爱与包容的成长环境，在心理学上被称为"抱持性"环境。这个概念是由英国著名心理学家唐纳德·温尼科特提出来的，其主要特点有两个：一是给予孩子充分的认可；二是在孩子遇到挫折时，给予孩子一定的支持和保护，并与孩子共渡难关。如果父母能够在孩子小时候给予他们这样的教育方式，就能帮助孩子建立积极健康的心理机制，提升心理韧性，获得面对生活、面对未来的巨大信心和勇气。

怎样为孩子的成长营造"抱持性"的环境呢？我的建议是这样的：

父母的爱和鼓励，是孩子心理韧性的主要推动力

斯坦福大学的心理学教授卡罗尔·德韦克在其"成长型思维"的研究成果中表明，父母对孩子的爱与鼓励，是孩子提高抗逆力、拥有强大心理韧性的重要因素。在孩子成长过程中，父母能够给予孩子充足的爱与温暖，凭借爱的直觉对孩子发出一些关键性的信号，比如，对孩子的哭泣、悲伤、沮丧等情绪做出及时的回应，都能让孩子从中体验到安全感和归属感，并建立起最初的自信心。这样的孩子，日后面对挫折时，会感觉自己身后有父母的坚实依靠，所以也更加能够勇往直前。

给予孩子积极的情感关注

我有一位朋友，他的孩子从小到大一直很优秀，学习成绩好，还有很多才艺，成长可以说是一帆风顺。高考后，孩子顺利考取了国内的一所名校。然而，当他进入大学后才发现，自

己在同学中就是个很普通、很渺小的存在,比自己强的人多得多。这一现实让孩子产生了巨大的心理落差,甚至一度闹着要退学。

朋友了解情况后,既没有责备孩子,也没有让他退学,而是在跟孩子深谈几次后,为孩子联系了一个校园公益项目,鼓励孩子去尝试一下,并表示完全相信孩子能够做好。

从那以后,这个孩子就在父亲的鼓励和支持下,慢慢调整自己的状态,接受普通的自己,一切重新学起。在这种心态影响下,他不但慢慢变得坚强起来,学习也再次迈上了正轨。

很多时候，孩子并不是不能接受挫折和失败，只是从小到大走的路太顺了，听到的表扬太多了，对自己的能力缺乏正确的认知。如果父母能在孩子遭遇失败，出现情绪时，给予孩子积极的情感关注，分担他的情感，倾听他的苦恼，帮助他们调整状态，孩子就能从父母那里获得更多的自信和力量，继而产生面对困难、挑战自己的勇气。

用正确的态度对待孩子的错误

很多父母一旦发现孩子犯了错，就对孩子严厉批评，甚至会给孩子贴标签，比如对孩子说：

"你做什么都不行，真没用！"

"怎么才考这么点儿分数？你永远比不上 ×××！"

"你真是笨死了，一个错误要犯好几次！"

……

这些批评、指责的话语不但不能顺利解决孩子的问题，还会严重损伤孩子的自尊心和自信心，让孩子变得越来越胆小、懦弱、自卑，失去对挫折、危机的抵抗能力。

心理韧性强大的孩子，智力也许不是顶尖的，但个性一定是乐观、积极的。这就提醒我们，在面对孩子的错误时，可以批评孩子，但千万不要上升到人格层面。这样才能让孩子知道，即使自己犯错、失败，也仍然是被爱的，这样的孩子才会有信心改正错误，获得勇气。

在孩子遭遇挫折时，我们可以这样对孩子说：

"虽然这件事你没做好，但每个人都有自己的长处，你也有自己很厉害的地方，比如……"

"这次的分数不太理想，有找一找原因吗？"

"这个错误犯了好几次，能跟我说说是什么原因吗？"

……

和孩子一起寻找原因，鼓励孩子多看到自己的优势，孩子才能不断进步，同时也会变得越来越自信。

总而言之，孩子在成长过程中会遇到各种各样的问题，也会遇到很多无法预料的挫折，就像列侬在一首歌中所唱的，"命运随时可以打乱你的人生"。但是，我们可以给予孩子更多的爱、陪伴和宽容，引导孩子用积极的心态去面对问题，寻找解决方法，练就强大的内心。只有内心强大的孩子，未来才会拥有更宽广的世界和远大的格局，更好地掌控自己的人生。

具备"反脆弱"能力，孩子未来才更强大

一位妈妈曾跟我分享了一件事：有一次，她儿子参加少儿越野竞赛，其中有个翻越轮胎障碍的环节，他儿子在这个过程中摔倒了。当时她很着急，赶紧过去安抚孩子。孩子看到身边小伙伴一个个地都超过了自己，着急得哭了出来。妈妈又是安抚又是鼓励，孩子才又半推半就地向前跑去，但却没有了之前的勇敢和自信。结果，这种状态又影响了孩子后面翻越障碍的正常发挥，不断被身边的人超越，最后成了垫底，只是勉强完成了比赛。

从这件事以后，孩子就像留下了心理阴影一样，再遇到困难总是表现得畏畏缩缩，经常以"我不行""我上次都失败了"为理由，逃避困难。这位妈妈很无奈，问我这种情况该怎么处理？

这位妈妈的分享让我的脑海中瞬间涌现出三个字——反脆弱。这个概念是由著名投资大师纳西姆·塔勒布在他的《反脆

弱》一书中最先提出来的，意思是说，那些看起来很稳定的东西反而是极其脆弱的，会让人们面临巨大的风险，只有学会从不确定性中获益，打造自身的反脆弱性，人生才会真正安全。

案例中的小男孩，因为遭遇突然摔倒这一不确定性因素，没能拿到理想的成绩，结果变得退缩自卑、止步不前，这就是由于孩子本身的"反脆弱"能力太弱了。假如孩子的"反脆弱"能力较强，就不会因为这一次失败而一蹶不振，而是积极寻找自己的不足，克服困难，在后面的比赛中更加勇敢地去证明自己的实力。

所以，要培养孩子的抗逆力，就需要运用恰当的方法培养孩子的"反脆弱"能力，帮助孩子养成积极的心态，在面对困难和打击时不会轻易认输，能够以更加乐观、主动、进取的精神去战胜它。这样的孩子，才能更好地适应不确定的未来，面对人生中那些不可预测的挫折和失败。

当然，"反脆弱"能力并不像孩子学习语文、数学那样，而是需要在与生活的不断碰撞中，在父母爱的滋养和科学的引导之下，慢慢形成的一种能力。

对孩子多鼓励、少表扬

孩子之所以能够具备面对挫折不认输、不退缩的勇气，是源于孩子相信自己能够战胜困难。这种信心的建立，则源于父母在平时教育中对孩子的肯定和鼓励。

但是，很多父母平时特别喜欢表扬孩子"聪明"，殊不知这样很容易让孩子形成固定型思维。孩子会认为"聪明"很重要，也是爸爸妈妈爱自己的原因，因而也会想方设法地表现自己的"聪明"，做事时总会选择做那些相对容易完成的事，以此证明自己真的聪明。一旦遇到依靠"聪明"解决不了的问题时，孩子就会因为担心失败而退缩。但人生不可能永远都是坦途，孩子总会遇到自己必须去面对的困难。如果孩子抱着这种固定型思维，未来必然要摔大跟头。

要避免这种情况，我们平时就要对孩子多鼓励、少表扬，即使表扬，也要表扬一些后天能改变的特性，如努力、用心、专注等，以此让孩子明白，有天赋固然好，但后天的努力更能够解决问题、战胜困难。

鼓励孩子勇敢做自己

英国心理学家亚基·马森在《可爱的诅咒》一书中说：别人的眼光就是可怕的牢笼。如果孩子太在意别人的眼光、太看重别人的评价，是很难培养起独立意识的。这种心理延续到成年后，就会令人变得敏感、自卑，缺乏主见。而那些能够勇敢做自己的孩子，不但独立、自信，对外界的不同声音也更有"免疫力"，未来也更能适应复杂的社会。

小辉放学回家给妈妈讲了一个"杯弓蛇影"的成语故事，妈妈高兴地问他从哪里听到的，小辉说是在幼儿园的活动中小朋友分享的，明天就轮到他了，之后小辉让妈妈也教他讲成语故事，但同时又非常焦虑，因为他特别害怕上台，平时也从不举手回答问题。

感受到小辉的焦虑，妈妈就说："上台讲故事好难啊，我小时候也很害怕呢！直到我上了小学，老师让我参加跳舞表演和朗诵比赛，一次次上台锻炼，胆子才变大，后来我还成了班里的文艺委员！"小辉听着瞪大了眼睛。

妈妈接着说："困难只是暂时的，害怕上台这件事是可以通过锻炼得到改善的。你只要肯迈出第一步，就会发现它没有想象中那么难。你的表达能力是完全没有问题的，刚刚的成语故事讲得就非常好。"

然后妈妈教小辉讲了一个"买椟还珠"的成语故事，只听了一遍，小辉就能够复述下来了，妈妈带着他继续练习，并鼓励他明天就以这样的状态上台。

第二天放学回来的路上，小辉愉快地和妈妈分享了他今天上台讲故事的过程。后来，小辉上课时也开始主动举手回答问题，慢慢的克服了自己害怕上台的心理，变得更加乐观、自信。

孩子是否能真正变得强大，具备"反脆弱"能力，很大程度上取决于父母的支持和鼓励。如果父母能鼓励孩子勇敢做自己，坚持自己的热爱，就相当于给了孩子充沛的心灵营养和精神力量，孩子也会在父母的爱和支持下变得积极、乐观、自信。

当然，孩子在成长过程中会遇到各种各样的困难，也会不可避免地遇到"脆弱"的情况。作为孩子最信任的人，这时我们要及时与孩子沟通，帮助孩子分析情况，引导孩子从多个角度思考问题，让孩子知道事情并不像他想象得那么可怕，从而帮助孩子走出思维局限，接受更多积极、正面的想法和影响，促使孩子积极思考，不断提升自己的"反脆弱"能力。

失败后，教会孩子为自己"疗伤"

　　有一部印度电影叫《最初的梦想》，讲的是一个名叫拉加夫的男孩，梦想着自己可以考入印度最好的理工大学。为此，他几乎放弃了所有的娱乐活动，每天要学习十几个小时。当时，他自己也很焦虑和担心，怕自己考不上，这时他的爸爸就告诉他说："你这么努力，根本不用担心，肯定能考上。我觉得，你更应该想一下拿到录取通知书后怎么出去玩玩。"爸爸甚至还为儿子提前准备好了庆祝用的礼物。但是，对孩子万一考不上的结果，爸爸却一个字也没提。

　　考试结束，成绩出来了，很不幸，拉加夫的成绩并不理想，也没有考上理想的学校。这让他一下子就崩溃了。因为害怕被人嘲笑，害怕父母失望，害怕自己被人叫"失败者"，拉加夫绝望地从窗户上跳了下去……

虽然这只是一部电影，但不难看出，这就是现实的真实反映。在现实生活中，在我们身边，很多孩子都因为被"绝对不能失败"的念头所支配，无法坦然地面对失败和挫折，更不知道如何去调整失败后带来的负面情绪，结果让自己陷入困境，甚至做出一些极端行为。

但是，人生不可能永远都是成功、鲜花和掌声，大多数时候要面对的都是困难、挫折和失败。同样，孩子未来的人生也不会全是坦途。也许现在我们尚且能为他们遮风挡雨，帮助他们"摆平"一些困难，但在未来，孩子走向社会后，总会遇到需要自己去解决的问题、自己去战胜的挫折和自己去面对的失败。在这些时刻，孩子要如何调整自己，才不会被现实世界中的种种不如意所击倒？

在我看来，这不光需要我们现在积极培养孩子的勇气和抗挫折能力，还需要我们尽早教会孩子如何在面对挫折和失败时为自己"疗伤"，学会调节情绪，让自己尽快摆脱不良状态的困扰，重新振奋起来。

鼓励孩子接纳真实的自己

孩子在成长过程中，肯定会遇到很多挫折和失败，如果他们不能很好地接纳自己，心理就会特别脆弱，甚至会在第一时间产生自我怀疑，沉浸在对自己失望、愤怒、无能力为的情绪当中，甚至像案例中的拉加夫一样，做出极端的行为。

所以，我们要从孩子很小时就引导他们，学会接纳真实的自己，不但要接纳自己的长处和成功，也要接纳自己的不足和失败。比如告诉孩子："每个人都不是完美的，但都是独一无二的。""虽然你现在不擅长……但你在其他方面同样做得很好，爸爸妈妈为你骄傲！""做不好也没关系，每个人都不会永远成功，只要你尽力了就很好。"

在父母的这种积极、正向的引导之下，孩子才能慢慢学会与自己和平相处。即使遇到问题和困难时，也不是先想着自己多么失败、多么丢脸，而是先去寻找解决问题、克服困难的方法和途径。

不仅如此，能够很好地自我接纳的孩子，也能更好地认清现实，了解自己的优点和缺点，在面对自己真的无法做到的事情时，也不会为了一时逞强和冲动做出错误的选择。

让孩子知道，失败是一件再正常不过的事

网上有这样一段拳击比赛结束前的视频：视频中的拳手被

对手打得鼻青脸肿，他的两个年幼的女儿就坐在台下观看比赛，看到爸爸被打成这样，都忍不住哭起来。

拳手走下台后，抱起两个小女儿，对她们说："别担心，爸爸已经没事了！"但两个孩子还是止不住地哭泣。她们不明白，为什么爸爸被打成这样，还有人在欢呼拍手？

这时，这位爸爸很有风度地抱着女儿主动来到对手面前，对女儿们说："来，跟这位叔叔打个招呼，他其实是个不错的人！"

随后，他又与击败他的对手相互友好地拥抱，成功地安抚了两个女儿。

在这个视频中，虽然这位爸爸在比赛中失败了，但他却赢得了全场观众的尊重，因为他用自己的实际行动告诉所有人：失败是一件再正常不过的事，每个人都会遭遇失败，只有正视失败，才可以更好地赢得下一次成功。

孩子的一生中也会经历无数次的比赛和竞争，但没人可以说自己永远都是稳赢不输，有输有赢才是生活的常态。所以，当孩子遭遇失败后，我们就要告诉他，每个人的人生都会有成功、有失败。但失败并不可怕，只要我们敢于接受失败，并积极寻找原因，不断提升自己，以后同样可以获得成功。这样能够接受失败和遗憾的孩子，未来才能走得更远。

告诉孩子：关注过程比执着结果更重要

小孩子天生就有争强好胜的心理，不管做什么都希望做到最好，所以成功时，他们会兴高采烈，失败后便垂头丧气，甚至还可能一蹶不振。显然，这种状态对于他们的成长和未来适应社会是很不利的。

大多数父母会在孩子成功时，高兴地夸赞、表扬孩子，这似乎没什么不对。但我认为，这样可能会让孩子形成一种理念，就是不论做什么，自己都一定要赢，一定要比别人强才算成功，否则就得不到大人的喜欢和表扬。那么即使孩子这次成功了，以后也一样会恐惧失败。

要想让孩子坦然地面对失败，我认为最好能在孩子成功时，把他的目光导向成功过程中的收获，而不仅仅看重一个结果。比如告诉孩子，他在哪些方面获得了进步；他之所以做得好，是因为改正了之前的哪些问题。如此一来，孩子关注的便不仅仅是那个成功的结果，而是比结果更重要的过程。同样，孩子一旦遭遇失败，关注点也不再是失败的那个结果，而是过程中自己还有哪些不足、还需要做出哪些改进等等。这样，孩子在成长中就能更加坦然地看待失败这个结果，并积极去弥补自己的不足，修正自己的过错，争取下一次做得更好。

第六章

培养情绪力，提高孩子未来的幸福指数

　　情绪伴随着人的一生，人生中的很多决定和际遇都是因情绪而起的。孩子具有良好的情绪力，能够掌控自己的情绪，学会与人友好相处，无疑在未来的人生中会拥有更多的主动性，因情绪失控而犯错的几率也会变得更小。同时，孩子学会调节和管理自己的情绪，也能为他们以后学会识别他人情绪、处理人际关系奠定基础。这样的孩子，在未来生活中更容易受人欢迎，也更容易获得幸福感，对生命感到满足。

安全感是培养孩子情绪力的根基

在孩子成长过程中，如果说有什么是让父母心疼又头疼的问题，那一定是孩子的安全感问题了。小到不敢一个人上厕所，大到被其他孩子欺负不敢吭声，父母总是担心：孩子这样是不是因为缺乏安全感呢？

要回答这些问题，我们就要先来看看孩子需要的安全感到底是什么。美国著名心理学家埃里克森提出的人格心理发展理论认为，人在成长的每个阶段都会经历一定的冲突，而出生之后的第一年，小婴儿们需要解决的冲突就是"基本信任对基本不信任"，简单来说就是信任与不信任的问题。当他们知道妈妈会耐心地照顾他们，自己发出的请求能够得到妈妈的回应，他们与妈妈之间就会慢慢建立起信任感，这种信任感叫作"安全依恋"。

到了大约两三岁后，即使父母每天消失一段时间，孩子也不再感到害怕、焦虑，这说明孩子与父母间已经建立起了安全型的依恋关系，孩子也有了最基本的安全感，不会觉得爸爸妈妈不管他、抛弃他，并且这种感觉可以伴随他们一生。

有了这种安全感作为根基，再注意培养孩子的情绪力就变得容易多了。其实在很多时候，孩子遇到问题或困难时之所以情绪不好，甚至情绪爆发，往往都是因为心理脆弱，安全感不足。孩子的心理防线崩溃，没有了安全感，就会想办法保护自己，而保护自己最直接的方式就是让自己看起来"强大"一些。这时，爆发的情绪就是他们自我保护的"铠甲"。

这就提醒父母，比起关注孩子本身的情绪变化，我们更应该去关注孩子情绪背后的心理需求，不然你每天可能都要花费大量的时间来纠正孩子的行为，安抚孩子的情绪。当了解了孩子深层的内心需求时，你会发现，不论孩子表现如何（哭闹、反抗、讨好、逃避……）都是在自我保护，同时也希望得到你的理解和保护。而当孩子从你这里获得了充足的安全感后，你再去帮他处理情绪，就发现没有那么难了。就像《接纳孩子》一书写的那样：安全感就是孩子对这个世界充满信任，认为外界是安全的，生活是美好的，他人是可靠的。在这一基础之上，孩子再遇到问题和困难时，也能够有效地表达自己的情绪和想法，能够更好地运用逻辑思维去理解周围的人和事，而不是情绪化地去面对。

那么，我们如何帮助孩子建立安全感呢?

永远别让孩子有被抛弃感

在孩子很小的时候，一旦出现哭闹、不听话，有的父母就会对孩子说："你再哭，我就不要你了！""你再不听话，我就把你扔掉！"想用这种方法把孩子"震慑"住，让孩子乖乖听话。殊不知，你无意中的一句话，对孩子来说可能就是生死攸关的大事，因为没有哪个孩子能接受被自己的爸爸妈妈抛弃这件事。当孩子听到这些话时，即使停止哭闹，内心也会产生恐惧、不安的情绪。

所以，不管在何种情况下，都要让孩子意识到，爸爸妈妈是永远不会抛弃他的。如果夫妻双方关系不和谐或离异了，也要慢慢跟孩子沟通好，让孩子明白：爸爸妈妈只是因为一些原因不能一起生活，但对他的爱不会改变。并且随时向孩子传递一个信息，就是：不管你遇到什么困难和问题，爸爸妈妈都会帮助你、支持你。

引导孩子正确地表达自己的情绪

从小时候起，我们就要经常陪孩子一起看一些关于情绪的绘本或故事书，帮助孩子了解情绪的表现。比如告诉孩子，生气就是"你脸红，生气，挥拳头"，伤心就是"流眼泪，想哭"……慢慢帮孩子学会用语言来表达情绪。同时，我们也可以教孩子学会用语言表达自己的需求，把自己内心的情绪和想法表达出来。

　　比如，孩子的玩具被别的孩子抢走了，孩子很生气，甚至可能会大喊大叫，这时你就可以引导孩子说出自己的需求："我很生气，请你把玩具还给我。"或者对爸爸妈妈说："妈妈，我不想让他玩我的玩具，你帮我把玩具要回来吧！"

　　经常这样引导孩子表达想法和情绪，哪怕孩子遇到了困难，他也会把自己的想法用合适的方式表达出来，而不是大发雷霆，甚至出现大哭大闹、攻击他人等行为。想要培养孩子的情绪力，孩子能够表达出自己所想、所感是非常关键的。

有一天，我儿子回来，看起来很不高兴的样子。我问他怎么了，他恨恨地说："我恨我同桌，我希望他以后都不要出现在我面前！"

　　一直以来，我跟我儿子的关系都很平等，所以我很平静地对他说："看来你很生气，暂时不想见你的同桌吧？"他点点头，开始跟我讲他跟同桌之间发生的事情，我就耐心地听着，时不时点点头，表示认同。等他讲完后，我发现其实就是小孩子之间的打打闹闹，但我并没有对他说"这没什么大不了的""你这种想法非常不好"等话，因为这会让孩子的情绪表达受到压制，孩子的情绪波动难以缓和，以后就不愿意跟父母交流，也不愿意接受父母的建议了。

　　所以，我就对他说："我很理解你，如果换做是我，我可能也会像你一样。"没想到，他顿了顿说："其实我同桌也挺好的，今天早晨还给我带好吃的了呢！"

　　我们要多鼓励孩子去表达，多听听孩子对某件事的想法和感受，哪怕孩子一开始表达得可能不好或不对，也要允许他们有表达自己态度和情绪的机会，同时还要对孩子的言行表现出理解和接纳。

　　通过这种方式，我们不但能帮孩子建立安全感，让孩子知道父母永远都会接纳他、理解他，站在他身边，父母还能借此了解孩子的内心想法和感受，帮助孩子疏解情绪，同时让孩子明白，遇到问题和困难时，有比生气、发脾气更好的解决方法，就是耐心地表达出自己的情绪，再积极寻找解决问题的办法。

三大策略，帮孩子冷却他的冲动

很多父母在面对孩子闹情绪时，习惯采取的方式都是"哄"和"吼"，试图让孩子快速平静下来。其实，无论你采取这两种方式的哪一种，都可能导致孩子形成一个特征——情绪化。因为当孩子的情绪产生时，你的"哄"和"吼"并不会让它消失，情绪仍然还积压在孩子的身体中，并且慢慢地越积越多。当孩子无法化解这些情绪时，就会变得越来越情绪化，甚至会演变出一些极端的"问题行为"。

有些父母可能也会在其他书籍上看到，孩子哭闹、发脾气，出现一些冲动行为，是因为心理需求没有得到满足，于是就一味地满足孩子。只要孩子一闹情绪，立刻要什么给什么、要怎样就怎样，结果呢？孩子不但没有因此而变得更温和，反而变本加厉。

也有些父母自己属于暴脾气，信奉"棍棒下面出孝子"的老理儿，孩子一不听话直接打骂。他们认为，孩子不分场合地闹情绪就是在挑战他们的权威，就该好好"教训教训他"。

现在我们要知道，这些对待孩子闹情绪、发脾气、出现冲动行为的策略都是不恰当的。父母没有意识到，人的情绪就是一种客观存在，没有好坏之分。甚至在心理学家眼中，所有的情绪都是好情绪，负面情绪也有它积极的一面。而且，不管是哪一种情绪，都不会突然消失，也不是你压制之后情绪就没有了。

那么，当孩子冲动、闹情绪时，我们就听之任之吗？这样能培养孩子良好的情绪力了吗？

当然不是。但是，如果我们能采取恰当的策略，不但能帮助孩子快速平静下来，冷却他的冲动，还能引导孩子在比较理智的状态下分析问题和处理问题，做出当下最优的选择和判断，提升他们的情绪管理能力。

我在这里给父母们推荐一套帮助孩子管理情绪的策略，当孩子情绪激动，无法理智地控制自己时，我们就可以采用这"三大策略"来帮助孩子冷却冲动，缓解情绪。

理解并接纳孩子的情绪
美国积极心理学家丹尼尔·西格尔的《全脑教育法》一书

指出，不管是成人还是孩子，当情绪泛滥得不可收拾时，罪魁祸首其实是我们的右脑和上层大脑出现了问题。

人类的右脑主要负责情感和非语言信息的传达，而上层大脑主要负责分析各种问题。当孩子在冲动发脾气时，往往是他的右脑正在占据主导地位，同时他的上层大脑还没有发育完全。在这种情况下，你试图纠正孩子的言行，或者给孩子讲道理，都无济于事。

此时，最好的办法就是接纳孩子的情绪，向孩子表达你对他的理解，比如对孩子说："我知道你现在很生气。""我理解，你现在肯定很伤心……"看似简单的一句话，对于正处于冲动和情绪混乱状态的孩子来说，却能让他们感受到父母对自己的理解和认同，情绪也会逐渐平息。之后你再跟孩子沟通，孩子才可能会听得进去。

帮孩子梳理情绪产生的原因，提出解决方案

当孩子的情绪逐渐平静下来后，接下来我们就可以帮助孩子梳理他的情绪产生的原因，以及所面对问题的解决方案了。在这个过程中，我们可以引导孩子想几个不同的解决方法。

有一位妈妈曾跟我交流说，她 5 岁的女儿不知道怎么跟小朋友相处。每次出去玩时，碰到小朋友，女儿也很想和对方一

起玩，可是玩不了几分钟，她就会跟人家打起来，然后大哭大闹，要回家。这位妈妈告诉我说："我经常被她闹得又生气又尴尬，也批评，也讲道理，都没用，这怎么办呀？"

我听了她的"诉苦"，就问她："您知道孩子是什么原因不能跟小朋友相处吗？"

她摊摊手说："我哪里知道呀！再说了，小孩子间不就是一些小事么，能有什么大事儿值得又哭又闹的！"

我告诉她："这就是问题的关键。因为您不知道孩子为什么跟其他小朋友闹矛盾，您也没有认真去了解，只看到了孩子哭闹，不会与人相处，所以在解决问题时，都是在针对孩子的表面问题来解决。孩子觉得自己根本不被理解，跟同伴玩时遇到问题也不知道怎么处理，那么她就只能用自己会的方式——哭闹，来'表达'自己的情绪和不满。"

我相信，有很多父母在处理孩子的情绪时都会像这位妈妈一样，头痛医头脚痛医脚，觉得只要孩子不哭不闹就行了。至于孩子为什么哭闹、闹情绪，他们觉得不重要，认为不过是小孩子不听话、不懂事而已。

但是，如果我们不能帮助孩子梳理好情绪，找到情绪产生的原因，孩子就永远学不会如何处理自己的情绪。所以，我给案例中这位妈妈的解决方案是：等孩子情绪平复下来之后，和孩子耐心沟通，找到孩子情绪产生的原因，并引导孩子想出2~3个处理办法。

比如，我们可以问问孩子："能告诉妈妈，你为什么突然哭了吗？""小朋友做了什么，让你感觉不高兴了？""假如你是那个小朋友，你会怎么做？"

孩子回答完后，我们再来引导孩子思考几个处理办法，如：

"假如你还想跟小朋友一起玩的话，你希望小朋友都听你的，还是你们一起商量着玩？如果你想让小朋友都听你的，可能他们不愿意接受，你们就无法玩下去了。"

"如果你愿意跟大家一起商量着玩，那你就要学着接受别人的意见和玩法。"

"如果你认为对方的做法不对，可以友好地提醒他们，哭闹、发脾气都不是合适的方式。"

……

一开始，孩子可能难以做到，我们不要着急，多给孩子一些时间，耐心地引导孩子，慢慢地，孩子再遇到类似问题，就会想起你教给他的方法，从而减少冲动、闹情绪的行为，去寻找更恰当的处理方式了。

鼓励孩子用恰当的方法解决问题和困难

当孩子找到或选择了恰当的方法后，接下来我们就鼓励孩子积极行动，主动去解决自己面对的问题。

比如，孩子跟小朋友闹矛盾后大发雷霆，当我们了解原因，并引导孩子想出几种解决方法后，就可以鼓励孩子主动去找小朋友，用自己想出的方法试着去缓解他们之间的矛盾。

总之，就像著名作家雷布斯说的那样："孩子冲你发脾气，是想让你走进他的内心，帮助他解决问题。"所以，我们要清楚地意识到，孩子出现负面情绪和行为时，恰恰是一次可以帮助他们提高情绪管理能力的绝好机会，帮助孩子提高对情绪的认识。如果我们学会接纳和引导孩子，用正确的方法对待情绪，那么未来再出现类似情况，孩子也会运用曾经的经验学着去面对和处理。

教孩子管理好自己的焦虑情绪

中国社会科学院曾经做过一项调查：有一些"高考状元"在迈入社会，参加工作后，为什么表现不再出众了？要知道，他们曾经可是"天之骄子"，学习那么超群，怎么一工作后就"泯然众人"了呢？

原因当然有很多，但其中一个重要原因就是：那些曾经学习成绩特别好的孩子，有很多都是被父母威胁逼迫出来的。我相信不少家长自己年少时就有过这样的经历，经常听到自己的父母告诉自己："我们家没钱，爸爸妈妈没能耐，你必须自己有出息！""如果你长大后自己不行，没人能帮你！"……不仅如此，父母还会告诉孩子社会竞争多么激烈，如果不好好学习，未来就会有多惨。从当时效果来看，这确实对孩子起到了一定的激励作用，但长此以往的结果，就会导致孩子内心的安全感被破坏。孩子从小缺乏安全感，内心就会不断产生焦虑情绪。

孩子慢慢长大后，人格不断成熟，焦虑感也被慢慢掩盖了，可是一遇到问题，他们内心的这种焦虑感就会不自觉地表现出来。为了不让自己感觉焦虑，不被焦虑困扰，孩子就会努力让自己做个普通人，减少外界的不确定性因素影响，只要有人按月给自己发工资，不让自己承担风险就行。这就导致一些孩子从曾经的"天才少年"沦落到后来的"泯然众人"。

从心理学角度来说，焦虑是一种大脑功能障碍。简单来说，焦虑就是一种非常强烈的情绪状态。当人们面临一些不确定的状况，无法对事情结果做出预测，或者无法确定自己的选择是否正确时，就会产生焦虑情绪。

但是，孩子未来走上社会后，不可避免地会遇到各种各样不确定性的状况，以及自己无法掌控和把握的问题。在这些情况下，如果孩子经常被焦虑的情绪所包围，不但会影响自己的身心健康，也会影响自己处理问题的方式和方法。

一些父母看到这里，可能也意识到焦虑情绪对孩子的成长和未来不利，想要帮助孩子改变焦虑状态，于是在孩子遇到问题时，就赶紧告诉孩子："你就是太焦虑了，没事的！""你不要焦虑，不要紧张！"殊不知，孩子不但没有因此放松，反而可能变得更焦虑了。

　　有一次，我去学校接我儿子放学。当孩子们从校门出来后，有个小男孩刚看到自己的妈妈，一下子就哭了，还边哭边说："对不起，妈妈，我这次没考好，可能要让您丢脸了！"

　　那天早晨，我儿子上学前告诉我，他们当天要进行月考，所以这个孩子应该是感觉自己没考好，很难过。

　　这时，男孩的妈妈搂住男孩，说："没事的，你上次还进步了呢！妈妈相信你这次应该不会考太差，不会让妈妈丢脸的！乖，别哭了！"男孩一听，不但没停止哭泣，还抽泣得更厉害了："妈妈，我很伤心，我同桌上次考了第一名，我周围的同学都比我考得好，我怎么这么差呀！为什么怎么努力都超不过他们呀！"

我在旁边听到这个孩子的解释，才明白他哭泣的原因，一切都源于孩子太焦虑了。而男孩妈妈的话，不但没有缓解男孩的情绪，反而让他更加不安，生怕自己再考不好，让妈妈失望。这种焦虑情绪会让孩子产生巨大的心理压力，甚至慢慢被焦虑所淹没，遇到一点问题就紧张不已。

那么，面对孩子容易焦虑的表现，我们怎样帮助孩子减压和改善呢？

鼓励孩子直接面对焦虑

每一位父母都希望自己的孩子内心强大，不想孩子一遇到问题就退缩、无助，但是，一些父母却在有意无意中强化孩子的焦虑，导致孩子不但没有缓解情绪，反而变得更焦虑了。

比如，有些父母发现孩子焦虑、紧张时，就一味强调焦虑的坏处，催促孩子走出焦虑，对孩子说："你就是太焦虑了，这样可不好！""这没什么可怕的，你不要总担心这担心那的，小题大做！""你别紧张，做错也没关系！"

父母本意是安慰孩子，殊不知，这样的"安慰"其实是在过度强化孩子的焦虑，让孩子压力更大了。

相反，如果父母让孩子直接面对焦虑，不逃避，也不挣扎，比如这样对孩子说："这件事确实会让人头疼，我很理解。""妈妈知道你现在有点紧张，这很正常，因为妈妈有时也会紧张。"

这些话语表示你能够理解孩子的情绪，并且这种情绪是很正常的，并不是什么特别的坏事。只有当孩子学会承认焦虑的存在，把焦虑当成是一件再普通不过的情绪时，它才不会对孩子产生太大的负面影响。

不要给孩子设定过高的目标

父母对孩子期望过高，给孩子设定过高的目标，就会让孩子内心产生巨大的压力，生怕自己完不成、做不好后让父母失望，认为自己是个失败者。而一些父母也确实这样做了，一旦孩子表现不好或没达到自己设定的标准，就对孩子批评、责骂。由此一来，孩子的焦虑情绪就会越来越严重。

其实，父母对孩子的期望过高，不但不利于孩子的成长和进步，反而还会限制孩子的发展。因为孩子努力想要达到标准，却发现自己无论怎么努力都达不到时，就会失去积极性，给自己贴上"做不到""没能力""很差劲"的标签。为了避免看到父母失望的目光，或者逃避被父母责骂，孩子很可能会一直选择逃避。即使以后再遇到好的机会，他们也不敢轻易尝试，这对孩子的成长和未来发展来说是很不利的。

相反，如果父母不给孩子设定太高的目标，不给孩子太多的压力，孩子反倒可能成长为一个给我们带来惊喜的人。这样，当孩子完成一个个阶段性的小目标时，反而更容易从中获得鼓励和动力，让自己去完成更大的目标。

允许孩子寻找自我放松的方式

有些父母跟我"吐槽"说，孩子经常在网上看一些搞笑小视频，笑得前仰后合；要不就看一些小玩具的玩法，比如水晶泥、积木等。他们觉得孩子看这些就是在荒废时间，问我该怎么办？

面对这些问题，我是站在孩子一边的，为什么孩子就不能看看小视频找找乐子，或看一些自己喜欢的小玩具，放松一下情绪呢？这本来不是什么严重的问题，父母却上纲上线，认为孩子一天到晚就应该学习、学习、再学习。如果这样，我认为父母给孩子施加的压力就太大了！

孩子看小视频找乐子也好，看水晶泥、积木、小玩具的玩法也好，都是他们放松身心的一种方式。因为孩子在看或玩这些东西时，内心会获得一种安全感和满足感。以前我也曾跟这样的孩子沟通过，我问他们为什么喜欢这类视频或玩具，他们告诉我，这样会让他们的内心感到很轻松、很满足，暂时不用去想那些跟学习、考试有关的令人紧张、焦虑的东西，看完后，心里也会感觉放松了很多。

所以，我建议父母对此不要过分焦虑，这对孩子的成长来说并不见得是坏事，反而可能是一种很好的解压和发泄情绪的方式。如果再发现孩子在看或想玩这类玩具时，不妨和蔼地对孩子说："你也喜欢这个呀？我也很喜欢，看完后感觉非常放松。"

这会让孩子感觉你很懂他，很理解他的情绪，同时你也在不经意间化解了孩子的焦虑，让他的焦虑得到了一定的发泄和排解。孩子在以后的成长过程中，再出现焦虑情绪时，也会懂得如何寻找恰当的方式来缓解。

引导孩子学会与负面情绪和平相处

很多父母觉得，负面情绪会让人不开心，因此应该尽量杜绝或远离这些不好的情绪出现。对待孩子，他们也是这么想的，希望孩子能一直快乐，不会产生任何不好的情绪。但我要说的是，这种想法并不正确。

情绪是人类在进化选择过程中形成的一种适应机制，可以有效地保护人类的健康、安全和生存。比如，当我们感到愤怒、生气时，它会促使我们去反抗或攻击，以便更好地保护自己；当我们感到伤心、难过时，它会促使我们去关注即将失去的人和事，提醒我们避免更大的损失出现；当我们感到恐惧、害怕时，它会促使我们逃跑，帮助我们摆脱险境；当我们感到焦虑、不安时，它又可以促使我们集中注意力应对困难，或者提醒我们危险就在身边。

　　总之，那些愤怒、伤心、恐惧等负面、消极的情绪，并非一无是处。孩子在成长过程中，肯定会因为各种原因不可避免地产生这些负面情绪，这是非常正常的现象。所以，我们没必要让孩子把负面情绪视为洪水猛兽，甚至用成人的做法，要求孩子去控制它、对抗它，不让其表现出来，阻碍孩子面对负面情绪的机会。相反，虽然我们不能任由孩子的负面情绪蔓延，但也要鼓励孩子正视这些负面情绪，帮助孩子对负面情绪产生正确的认知，让孩子知道：负面情绪也是我们情绪的一种，出现负面情绪并不奇怪，每个人都会有，这与他做得对不对、是不是好孩子无关。孩子只有从内心中正视自己的负面情绪，在以后的成长过程中，再出现类似的情绪时，他才能心平气和地面对和处理。

引导孩子正视自己的负面情绪

　　儿童教育学研究指出：一个人在 6 岁以前的情感体验，对其一生都会产生深远的影响。如果孩子在这个成长阶段性情急躁、易怒、悲观，或者焦虑、孤独、不自信，很大程度上会影响他们未来的个性发展与品格养成，进而影响孩子的身心健康和人际关系发展。

孩子心智不成熟，不能很好地控制自己的情绪，这是非常正常的事情。比如，我们经常遇到一些孩子因为没有得到喜欢的玩具，在地上打滚儿哭；或者是不想去幼儿园，在家里撒泼耍赖发脾气。我儿子以前也经常出现一言不合就闹情绪、哭闹的情况。这些都是因为孩子缺乏情绪管理能力，导致情绪过度外化放大的结果。

面对孩子突如其来的负面情绪，很多父母往往不知所措，有时甚至采取了错误的解决方法。

有一次，我的一位亲戚带孩子到我们家做客。她女儿当时5岁多，比较顽皮。小女孩在房间里跑来跑去，一不小心头碰到了餐桌的边沿上。我估计是碰疼了，小女孩立刻抽泣着哭了起来。她妈妈当时正跟我坐在一旁聊天，听到孩子哭了，立刻大声呵斥她："叫你再不听话，乱跑！哭什么哭，闭上嘴！"小女孩被妈妈一吼，硬生生地把眼泪憋了回去，委屈地站在一边不说话。

我当时就制止了亲戚的行为，告诉她说："孩子一定是碰疼了，心情不好，你这样只会让她更难受！"

然后我走过去，拉起小女孩的手说："刚刚碰疼了，你很

难过，是吗？"女孩点点头。我又说："你难过是正常的，如果我被碰疼了，我也会难过，所以你哭并没有错。"

小孩子听我这么一说，一下子又哭了出来，可是不一会儿，就又开开心心地去玩了，似乎已完全忘了刚才的事。

我相信不少父母在面对孩子的负面情绪时，都会采取我这位亲戚的做法，就是用否定、压制的方式，阻止孩子的情绪外露。但是，孩子与成人一样，也有情绪不佳的时候，也需要适当的发泄和调节。当孩子出现负面情绪时，本来心里已经很难过了，如果再被父母训斥，他的感觉就会更糟糕。久而久之，这些被积压的坏情绪就会令孩子形成一种不成熟的心理防御机制，未来也无法学会如何调节自己的负面情绪。

因此，当孩子出现坏情绪时，我们应该试着去理解孩子的情绪，并让孩子明白，不管是高兴、开心，还是生气、发怒，都是一个人拥有的正常情绪，没什么对或不对的说法。我们只需要教会孩子正视它，采取恰当的方法疏解它就可以了。

教孩子寻找调节情绪的策略

我们不但要引导孩子学会正视自己的负面情绪，还要教会他们一些有效处理负面情绪的方法，这样孩子在产生不良情绪时，就能慢慢学着自己消化、处理，也就能较少地受这些消极情绪的影响，甚至不受影响。

比如，我们可以对孩子说："我知道你想要那辆小汽车，但人家卖完了，你哭是解决不了问题的。现在我们有两个选择：一个是到其他店里看看，另一个就是买一款别的玩具。"

这样做，既能让孩子明白，有负面情绪很正常，爸爸妈妈都会理解，但同时也让孩子明白，即使心情不好，哭闹也不能解决问题，我们应该积极寻找解决问题的方法，而不是任由坏情绪蔓延。慢慢地，孩子就能学会处理自己的情绪问题了。

此外，父母也可以根据孩子自身的性格特点，有针对性地教给孩子一些调节情绪的方法，如性格外向的孩子，可以采取运动、跑步等方式发泄情绪；内向的孩子则可以通过写日记、画画等方式，把自己的坏情绪表达出来。

共情能力，社交中最有效的生存技能

美国杜克大学和宾夕法尼亚州立大学曾花费 20 多年的时间，跟踪和记录了 750 个孩子的成长过程。研究发现，那些在小时候就有同理心、能够与他人共情的孩子，长大后很多都从不错的学校毕业，并获得了不错的工作；而那些缺乏同理心的孩子，不少都没找到很好的工作，甚至需要政府援助才能生活。

不得不说，同理心直接影响着孩子与外界的融洽关系与社会化水平。能够与他人共情的孩子，更容易获得他人的信任和好感，建立良好的人际关系，同时自己也能从中收获更多的快乐与支持，变得更乐观和豁达。

在我儿子的班里，有一个女孩曾给我留下了很好的印象。

有一次，我儿子的班级组织野营，每个孩子需要一名家长陪同，我就一起去了。这个女孩跟我儿子分在一组。大家到达野营地点后，就忙着准备，我因为有咽炎，在跟大家一起忙活时，偶尔就要别过头咳嗽几次。

　　过了一会儿，这个小女孩悄悄地走到我身边，递给我两颗枇杷糖，小声说："阿姨，我看您一直咳嗽，一定是嗓子不太舒服吧？吃一颗这个糖，应该会好一些。"

我当时特别惊讶，没想到这个小女孩能这么准确地体会到别人的感受和情绪，并且还能设身处地地为别人着想，把自己的关注传递给对方。

后来回到家，我把这件事告诉给我儿子。我儿子说，这个女孩在他们班里人缘特别好，老师和同学都很喜欢她。

这个小女孩所具备的就是共情能力，也叫同理心、同情心。心理学上认为，这是一种能够设身处地地理解他人，与他人形成情感共鸣的能力，可以帮助我们很快与他人建立起良好的人际关系。

美国心理学会主席杰拉尔德·库彻认为：同理心是一个人的重要生存能力之一，它不仅决定了人的心智能力的表现，也决定了人生的走向和成就。具有这种能力的人，往往不需要周围的人用语言表达出来，就能领会到对方的感受和情绪，并且能及时做出合适的回应，因而他们在生活中都具有较强的情感调适能力和社交技能，同时也更容易收获友谊，赢得更多的社会支持，幸福感也会更高。

但是在生活中，我发现很多孩子都缺乏同理心，共情能力低下，这主要与平时父母的教育方式有关，比如父母的沟通方式比较偏激，导致孩子在与他人沟通时，也模仿父母平时的沟通方式；或者父母经常对孩子发脾气，很少考虑孩子的感受，而孩子因为年幼，又不能恰当地处理自己的情绪，导致内心的负面情绪越来越多，最终就可能成长为一个性情比较极端的人。显然，这样的孩子未来走向社会后，也很难与他人建立起和谐友好的关系。

当然，共情能力是可以通过后天培养获得的。如果你希望孩子未来是一个具有同理心，善于与他人共情的人，那么不妨通过下面的几种方式，提高孩子的共情能力。

引导孩子正确理解和辨别自己的情绪

孩子最先发展的同理心，其实是情绪唤醒，也就是孩子能否快速地对外界刺激做出反应。比如，你开心地叫孩子的名字时，孩子能感受到你的愉悦情绪，也会开心地回应你。但是，要做到这一点，还取决于你平时和孩子的互动方式。也就是说，想要培养孩子的共情能力，父母首先要学会与孩子共情。

比如，孩子心爱的玩具坏了，孩子伤心得哭起来，这时父母就不能光安慰他，帮他擦干眼泪，或者斥责孩子一通，对孩子说："一个玩具而已，有什么可哭的，再买一个就行了！"而是应该引导孩子把自己的感受说出来，可以这样问他："你的玩具坏了，你为什么要哭呢？是因为伤心吗？"这样的询问，就是站在孩子的角度，帮助孩子意识到情绪的感受，同时理解他的情绪和行为，让孩子感觉到自己是被关注的，自己的情绪是被理解和接纳的。

当然，如果孩子没有因为我们的引导而缓解情绪，仍然很伤心，那我们就不再说话，而是坐在他身边，静静地陪着他。当他的情绪发泄完后，我们再去表达自己对他的理解和关心，并且和孩子一起分析他的情绪是从哪里来的、为什么会这样等等，帮助孩子更好地了解自己的情绪和感受。通过这样的过程，孩子才会对自己的情绪合理归纳，并学会正确地释放和疏解情绪，以后慢慢学会对他人的经历和情绪感同身受。

不随便评判孩子的情感

前几年有一部比较火的动画片，叫作《头脑特工队》，内容讲的是一个11岁的女孩莱莉，大脑控制中枢里住着五种情绪，分别为快乐、悲伤、害怕、生气和厌恶。他们每天都争先恐后地要当控制大脑中枢的指挥者，并协同呵护莱莉。

其中有个片段，快乐和悲伤两个小家伙不慎掉入了丢弃记忆球的管道，离开了神经中枢。在寻找返回的路时，他们和莱莉幼年时想象的朋友小粉象相遇，并一起相处了一段时间。

当小粉象心爱的玩具火箭车掉下悬崖后，快乐小人儿就一心只想让他带路，去追赶通往回家之路的思想列车，所以，他不停地用搞怪打气的方式对小粉象说："别难过，我们可以做到的，你要振作起来！"但小粉象却越来越消沉了。

这时候，悲伤小人儿走过来，坐在小粉象旁边，体验他的悲伤，并且问他："你最喜欢的东西丢掉了，你一定很难过吧？"并且他还陪小粉象一起回忆当年他和莱莉度过的那段美好时光。过了一会儿，小粉象自己站了起来，说："我已经好多了，咱们快去追火车吧！"

为什么快乐小人儿的鼓励和加油没有让小粉象振作起来，而悲伤小人儿和小粉象聊了一会儿后，小粉象痛苦的情绪就缓解了呢？

原因就在于悲伤小人儿没有忽视和否定小粉象的消极情绪，也没有急于让他振作起来，而是积极关注和回应他本来的感受。这就让小粉象感受到，自己的情绪是被理解的、被接纳的，当情绪缓解之后，他自然就恢复常态了。

这就提醒我们，在与孩子沟通时，如果发现孩子正处于一种强烈的消极情绪当中，不要急着去评价他的行为和情绪的对错，因为这时孩子的大脑是很混乱的，根本听不进任何批评和建议。相反，你要先看到他的情绪，并且表示对他的情绪的理解和接纳，比如对他说："你看起来有些伤心，我理解。""你觉得老师这样对待你，让你很委屈。""你感到很难过，愿意跟我说说吗？"

　　这种不带有评判式的沟通方式，其实是在帮助孩子理解和接纳自己的情绪：我是这样的感受，我正处于这样的情绪状态中。这不但能促使孩子更好地调整情绪，恢复平静，还有助于他在未来的社会交往中能够敏锐地感受和理解他人的情绪，做到换位思考，将心比心地与人相处，赢得更多的友谊和支持。